U0908045

寶刻類編

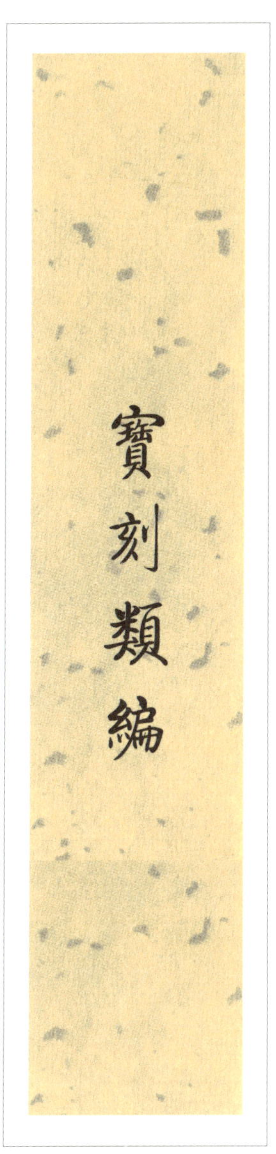

中華書局

圖書在版編目 (CIP) 數據

寶刻類編 /（宋）無名氏撰 . — 影印本 . — 北京 : 中華書局 , 2016.1

ISBN 978-7-101-11296-2

Ⅰ. 寶… Ⅱ. 無… Ⅲ. 碑刻—目録—中國—古代 Ⅳ. K877.421

中國版本圖書館 CIP 數據核字 (2015) 第 239885 號

責任編輯：徐　蜀　靳艷君
封面設計：蔡立國

微信

新浪微博

寶刻類編

〔宋〕無名氏 撰

*

中 華 書 局 出 版 發 行

（北京市豐臺區太平橋西里 38 號　100073）

http://www.zhbc.com.cn

E-mail:zhbc@zhbc.com.cn

三河市百福春印刷有限公司印刷

*

889 × 1194 毫米 1/16 · 26 1/8 印張

2016 年 1 月北京第 1 版　2016 年 1 月三河第 1 次印刷

定價：980.00 元

ISBN 978-7-101-11296-2

出版説明

金石碑刻，以其内容的豐富性和真實性，可補充傳世文獻之缺略，訂正正統史傳之訛誤，是學術研究的重要文獻。早在唐代，韋述等史學家已開始收集、著録金石碑版，並運用於史學著述中。到了宋代，學者對金石碑刻的價值有了更充分的認識，開始編纂金石目録專著。《寶刻類編》即是其中一種。《寶刻類編》内容豐富，備受推崇，《四庫全書總目提要》有云：「獨此書搜采贍博，敘述詳明，視鄭樵《金石略》、王象之《輿地碑目》，增廣殆至數倍。前代金石著録之富，未有過於此者。深足爲考據審定之資，固嗜古者之所取證也。」此書據石刻書寫人身份編爲帝王、太子、諸王、國主、名臣、釋氏、道士、婦人八類，將姓名殘缺者附於最後；每類又以人名爲綱，載其所書碑目，其下標注年月地名，編寫次第，脈絡清晰、結構嚴謹，便宜讀者。

《寶刻類編》成書初始，鮮少人知，亦不知其著者，《四庫全書總目提要》記載：「《寶刻類編》不著撰人名氏。《宋史·藝文志》不著其名，諸家書目亦未著録，惟《文淵閣書目》有之。然世無傳本，僅見於《永樂大典》中。」清代伊始，有人將其從《永樂大典》輯出，八卷，自成一書，但原本屢經傳抄，魯魚亥豕較多，碑目不全。顧廣圻亦在書跋中提到：「覩此知以翁本欲刊入叢書而未就也。唯校定卻非易事，雖經多手，仍不足爲定，蓋傳寫必訛，落葉難掃耳。」據《中國古籍善本書目》，現存版本有清抄本、乾隆四十七年沈叔埏抄本、《四庫全書》本、道光十八年劉氏十七樹梅華山館臨汀郡齋刻本、嘉興沈濤十經齋抄本、《粤雅堂叢書》本和《叢書集成》初編本。

此次出版《寶刻類編》所用底本係國家圖書館藏鮑氏知不足齋手抄藏本。原書高二十八點八釐米，寬十七點四釐米，版框高十八點九釐米，高十三點七釐米，每半葉十行，行二十一字，黑口左右雙邊，版心下方有「知不足齋叢書」字樣。書衣内側有「清代校勘第一人」顧廣圻先生的手跋，雖隻字片語，亦爲金石學研究者提供了寶貴的研究資料。另本次所用底本爲批校本，書中含有大量的點校朱批，其内容之詳實、資料之豐富，無出其右。

全書鈐有多枚藏書印章，如「歙鮑氏知不足齋藏書」朱文方印、「顧千里經眼記」朱文長方印、「秦恩復印」白文方印、「秦伯敦父」白文方印、「石研齋秦氏印」朱文長方印、「劉履芬印」白文方印、「江山劉履芬彦清氏收藏」朱文方印、「彦清珍秘」白文方印、「劉承幹字貞一號翰怡」白文方印、「翰題讀過」朱文方印、「吴興劉氏嘉業堂藏書印」朱文方印、「戴光夢印」白文方印等，由此可知，此書自歙縣鮑氏知不足齋成書後，又經江都秦恩復、江山劉履芬、吴興劉承幹等多位藏書家收藏，受到他們的重視，具有很高的版本價值。

服務學術是中華書局的一貫宗旨，我們僅以本書的出版，推動學術事業繼續進步。

中華書局編輯部

二〇一五年十月

目録

盧抱經先生手校

知不足齋藏本

寶刻類編

觀此知以翁李欲刊之入叢書而未就也惟校定卽非易事錯誤多手仍不足恃定畫倩寫妥訛若浮暈難掃耳前歲予遇一瞰名家借人作金石書圖刊布處遍告言曰不如刊寶刻類編寶刻叢編王象之輿地碑目復齋碑目著書自當傳矣尋趙晉齋可也齋人甚之而止噫亦豈無此福命耶一雲散人暘記

欽定四庫全書

寶刻類編目録

國主二南唐

名臣一周

名臣二秦

名臣三漢

名臣四魏

名臣五晉

名臣六梁

名臣七陳

名臣八後魏

名臣九東魏

一

卷五

名臣十三之五唐

卷六

名臣十三之六唐

名臣十三之七唐

卷七

名臣十三之八唐　不著年月

名臣十四後梁

名臣十五後唐

名臣十六後晉

卷八

釋氏三唐

釋氏四後唐

釋氏五後晉

釋氏六後漢

釋氏七後周

釋氏八前蜀

釋氏九後蜀

釋氏十吴

釋氏十一南唐

釋氏十二梁

姓名殘缺五 後周

姓名殘缺六 後蜀

臣等謹案寶刻類編八卷不著撰人姓名宋藝文志馬氏經籍考亦未載其目而永樂大典有其書今核其編聲次第斷自周秦訖於五季並記及宣和靖康年號知爲宋人所撰又宋理宗寶慶初始改筠州爲瑞州而是編多有以瑞州標目者則當定爲宋末人無疑也其書爲類者八曰帝王曰太子諸王曰國主曰名臣曰釋氏曰道士曰婦人曰姓名殘

缺每類以人名為綱而載所書碑目其下各系以時月地名且於名臣類取歷官先後之見於石刻者臚載姓氏下方以備參攷詮次且有條理雖其間如書碑篆額之出自二手者即兩系其人近于重複又如歐陽詢唐臣而系之隋郭忠恕宋臣而系之五季祇就所書冣初一碑為定以致時代歲月前後未免混淆皆其體例之未能審密者然金石目録自歐陽修趙明誠兩家以外惟南宋陳思所編寶刻叢編頗為該洽今亦多殘佚不完獨

此書蒐採贍博敘述詳明視鄭樵金石畧王象之輿地碑目增廣殆至數倍前代金石著録之富未有過于此者洵足為攷據審定之資固嗜古者所宜亟取也原本傳寫訛脱頗多謹詳加訂證釐次如其名臣類十三之三永樂大典原缺故自唐天寶迄肅代兩朝碑目未全今亦姑仍其舊云乾隆三十八年十月恭校上

碑

寶刻類編卷一

永樂大典本

宋無名氏撰

帝王一周

穆王

吉日癸巳趙

帝王二魏

文帝

華嶽廟碑陰與鍾繇各刻二十字華

帝王三唐武后附

太宗

寶刻類編卷一　一

知不足齋叢書

贈司空魏鄭公碑撰并書貞觀十七年正月立京兆

立晉祠銘撰并書貞觀二十年七月立太原

溫泉碑撰并書題額散隸爲貞觀二字貞觀中立京兆

登逍遙樓詩河中

批答李順卿賀狀宋康定元年重刻鳳翔

高宗

萬年宮碑製并書永徽六年五月立鳳翔

紀功碑撰并書飛白題額顯慶四年八月立孟

登封紀號文二撰并書其一大字磨崖刻于山頂其一字差小立于山下乾封元年二月刻兗

萬年宮銘已見前以錄其碑陰目并字疑衍

英國公李勣碑製并書 儀鳳二年十月立 京兆

孝敬皇帝睿德碣撰并書及飛白額 洛

萬年宮銘并碑陰勅 鳳翔

大唐紀功之頌盃

棲霞山亭記

武后

周昇仙太子廟碑撰并書 聖歷二年六月立 洛

中宗

高宗述聖記武后撰 文明元年八月立 京兆

睿宗

幽國公竇孝諶碑 李迥撰 元宗書題額 太極元年十月立 京兆

元宗

竇孝諶碑 注見上

起義堂碑 撰并書 開元十一年立 太原

黃門監盧懷慎碑 蘇頲撰 八分書。開元八年立 洛

涼國長公主碑 蘇頲撰 八分書 開元十二年八月立 華

紀泰山碑 撰并八分書 開元十四年九月 兗

一行禪師塔碑 撰并八分書 開元十六年立 京兆

龍角山慶唐觀紀聖銘 撰并八分書 開元十七年九月立 晉

涼州都督王君㚟碑 張說撰 八分書并題額 開元十七年 京兆

侯夾切音洽

陜

陜西之一

贈吏部尚書蕭瓘碑梁昇卿八分書八分題額開元十八年五月立京兆

賜張忠敬手詔行書開元十八年永康

后土神祠碑撰并書開元二十一年八月河中

賜趙仙甫詩行書開元二十三年五月五日蜀

注道德經注并書開元二十四年八月立江陵○盧文弨案在昌州者二十六年十月立

刺史盧奐廳事贊製并書開元二十四年十月立陜

贈太師裴光庭碑張九齡撰李林甫題額開元二十四年十一月立解

金仙長公主碑徐嶠之撰行書開元中立華

鄎國長公主碑張説撰八分書開元中立華○盧案開元十三年四月立

真源觀鐘銘撰并八分書太子亨題額天寶三年六月己酉亳○盧案似當作三載

低一格

注孝經八分書太子亨題額天宝四年九月立京兆○天盧萃目云篆額

贈兵部尚書楊元琰碑撰并八分書太子亨題額天宝六年立京兆

楊元琰原本訛作楊无琰今改正

上黨啟聖宮頌撰并八分書天宝十年二月立潞

武部尚書楊珣碑製并八分書太子亨題額天宝十二年八月十六日建鳳

翔

送太守康公詩撰并行書及篆額天宝十三年二月建忠

貞順皇后武氏碑撰并八分書太子亨題額天宝十三年四月立京兆

鸛鵒頌撰并行書天宝中立青洛

謁元元皇帝廟詩製并行書天宝中立洛

謁

校

上黨宮燕羣臣故老詩行書天宝中立　潞

姚崇碑張說撰　洛

勑冀州刺史源復詔　冀

登逍遙樓詩製并書　河中本脫樓字今據金石略增入

老子道德經幢八分書　蕪

華嶽廟碑製并書　華

嗚呼積善之墓張府君碑製并題額梁昇卿八分書　洛

肅宗

刻逍遙樓詩答銘元宗詩王璵乞御書碑額帝答詔乾元元年立　河中

乞御書放生池碑額批答上元元年大曆九年立　湖

來曜碑 張鎬撰序蕭昕撰銘韓擇木八分書篆額上元二年正月立鳳翔

代宗

贈太宗郭敬之廟碑 顏真卿撰并書題額廣德二年五月立京兆

慈恩寺常住莊地碑 顏真卿撰韓擇木八分書篆額大歷六年八月立京兆

德宗

河中尹渾瑊賀批答 貞元四年

刑政箴并批答 製八分書篆額碑陰表胡証正書行書批答河中

太子諸王一梁

皇太子綱 即簡文帝

陶隱居墓誌 昭明太子蕭統撰 昇

栖隱寺刹下銘 晉安王蕭綱書普通三年 潤

蕭懿廟碑 奉勅撰并書 興元

太子諸王二 隋

晉王廣 即煬帝

景陽樓下井銘 隸書 昇

太子諸王三 唐

相王旦 即睿宗

周封中嶽碑 李嶠撰萬歲登封元年□月 洛

周昇中述志 武后撰萬歲登封元年□月立宋政和中碎碑 洛

周許由廟碑 武后撰 大足元年五月

大周孔子廟堂之碑 虞世南書 題額 安京兆

武氏護碑 李嶠撰 長安元年十二月五 太原

則天母孝明皇后楊氏碑 武三思撰 正書 長安二年六月 京兆

龍興聖教序 中宗撰 正書 神龍元年九月五 潞

寧王憲

金城縣靈寶觀頌 撰并書 京兆

慶王琮

明皇注道德經勅 經元宗書 琮及皇太子紹等奉書 開元二十四年 陝懷

皇太子鴻

依例則亨字當刪否則上條亦宜補亨字

周本潞作洛

紀聖碑陰題名開元十七年刻晉

皇太子紹即肅宗更名亨

明皇注道德經經元宗書注見上

眞源觀鐘銘元宗撰并八分書太子亨奉勑題天宝三年六月己酉立亳

三門紀功頌隸王琠八分書題額天宝三年十二月建陝

明皇注孝經元宗八分書亨題額天宝四年九月立京兆

贈兵部尚書楊元琰碑元宗製并八分書亨題額天宝六年立京兆

贈上黨故吏勑書張說撰葉灌書亨題額天宝十一載十一月潞

武部尚書楊珣碑元宗製并書亨題額天宝十二年八月十六日建鳳翔

贈吏部尚書楊銛碑撰并行書及篆額天宝十二年京兆

貞順皇后武氏碑元宗製并書亨題額天宝十三年四月京兆

棣王琰

三門紀功頌鉉分書太子亨題額天宝三年十二月建陝

雍王即德宗适

三門記裴徽撰李進書題額廣德三年刻陝

皇太子誦即順宗

贈太尉段秀實碑德宗製書貞元元年四月立京兆

麟德殿宴群臣詩德宗撰行書貞元四年六月京兆

修貞宮碑吳通微撰書貞元四年立京兆

德宗幸章敬寺詩貞元八年書京兆

校

德宗送張建封還鎮詩 行書貞元十四年三月、徐

紀南充縣謝自然上昇勅 吳通微撰貞元十四年行書京兆

成德節度王武俊先廟碑 鄭贊撰崔公餘書題額貞元十九年京兆

韋臯紀功碑 德宗製一在彭州貞元二十年十一月二十日立一在閬州貞元二十年十二月立

國主一

新建錢湖廣潤龍王廟碑 記行書篆額梁貞明三年正月十五日建杭

按陳思寶刻叢編載復齋碑錄作新建錢塘湖廣潤龍王廟碑此本疑脫塘字。

錢湖之稱斗當再考寶刻叢編傳抄多譌未可盡據也

吳越寶正六年是吳越曾建元矣

題名梁龍德元年十一月□日正書唐崔越杭

題錢明觀橋記吳越宝正六年四月八日記杭

國主二唐

李璟

四祖塔院疏疏正書篆額保大十三年正月十日蘄

題觀音岩洪

杜牧九日登高詩杭唐國主按五季時杭為吳越國都南唐國主所書不應刻于其地原本疑有訛

東風吹水日銜山之按此條不載立碑之地疑有脱文

名臣一周

史籀

石鼓文宣王刻籀書自鳳翔遷汴靖康末亡失

孔子

吳延陵季子墓十字篆大歷十四年重刻潤

名臣二秦

李斯 密

琅琊臺刻石篆 密

之罘山刻石篆 登

泰山刻石并二世詔篆 兗

嶧山碑篆徐鉉模 兗

殘碑二十字 登

始皇朐山碑 海

祀巫咸大湫文 鳳翔

稽山頌德碑 越

名臣三 漢

王幽 公乘校官掾

題名二十九字 作兩行 永嘉元年二月十二日 卬

蔡邕

老子祠銘 邊韶撰 隸書 延熹八年 亳

石經遺字 小字八分書 熹平四年立 洛 越

太尉陳球碑文并書光和元年徐

三體石經遺字古文篆隸三體八百二十九字熹平中立徐

郭有道碑文并書太原

司隸校尉魯峻碑濟

盧江太守范式碑濟

陳仲弓碑陰小字八分許

司空掾陳寶碑許

小篆碑兗

周公禮殿記隸書成都

邉韶碑汴

曹娥孝女碑後題八字黄絹幼婦外孫齏臼越

郭香察書佐按後漢無二名碑稱郭香察者乃察書之人姓名爲郭香耳此本標題尚沿旧誤

袁逢修華山廟碑隸書延熹八年四月立華

張昶黄門侍郎

華嶽廟碑華

劉讓寧

閣道題建寧五年十月上旬涪

仇靖

武都太守李翕天井道碑撰并書建寧三年造成

武都丞呂國已下題名成

仇拂

析里橋郙閣頌隷書建寧五年立興

張普米巫祭酒

題名七行六十七字熹平二年刻嘉

杜峻　孟珍

題字光和四年九月十日成都

張景

題字光和六年十月成都

宋恩

學師題名成都

宜補揚雄

楊子雲雄

高朕石室題名成都

趙嵩

常仲舒

董郎

楊容

文翁學生題名成都

張禪

題名成都

名臣四魏　嚴元照按此行原本在梁鴻前今改正

鍾繇繇

鍾繇前一行應有名臣四魏標題

校

宜稱陳王

武帝大饗碑曹子建文武帝篆亳按洪适隸釋大饗碑在亳州譙縣魏文帝延康元年立相傳為梁鵠書三国魏志文帝紀延康元年七月甲午軍次于譙大饗六軍是此碑所由立也此本以文帝為武帝後又見曹操大饗碑謬誤殊甚至以碑文為鍾繇書亦与隸釋不合未知何據

御史大夫郗慮碑濟

力命表越

老子碑銘亳

墓田丙舍帖越

華嶽廟碑陰与魏文帝各刻二十字華

曹操

大饗碑注見上

元照按操卒於漢獻帝建安二十五年其時漢帝尚在不宜係于魏

崔子玉

張平子前後殘三碑 撰并小篆鄧

鍾會

周公禮殿石楹記 初平五年成都

師宜官

耿球碑表 紀撰趙

名臣四 魏

梁鵠 校梁鵠原本誤作梁鴻今改正

封議郎孔羨爲宗聖侯碑 兗

文帝受禪表 王朗文鍾繇鐫字謂之三絕許此條原本作武帝受禪表王明之云云

考洪适隸釋魏受禪表在許昌所謂表者蓋表揭其事非表奏之表也碑稱黄初元年十月辛未受禪于漢云云乃文帝事並非武帝又王明之三字義不可曉按劉禹錫嘉話録謂受禪表王朗文顗宋時避聖祖諱改朗爲明而文字又訛爲之字耳今並改正又按書斷謂元常八分入妙受禪碑爲最直以此碑爲鍾繇所書與此不合未知孰是

名臣五 晋

王羲之

處

散騎常侍周處碑 陸機文 重立 常

嚴元照按此碑乃後世妄庸子所爲其文與其

皆不足存

小字東方朔畫贊 饒 饒

定水寺題 京兆

蘭亭修禊序 亭 禊 永和九年 薛家本爲上 定武次之 長安本次之

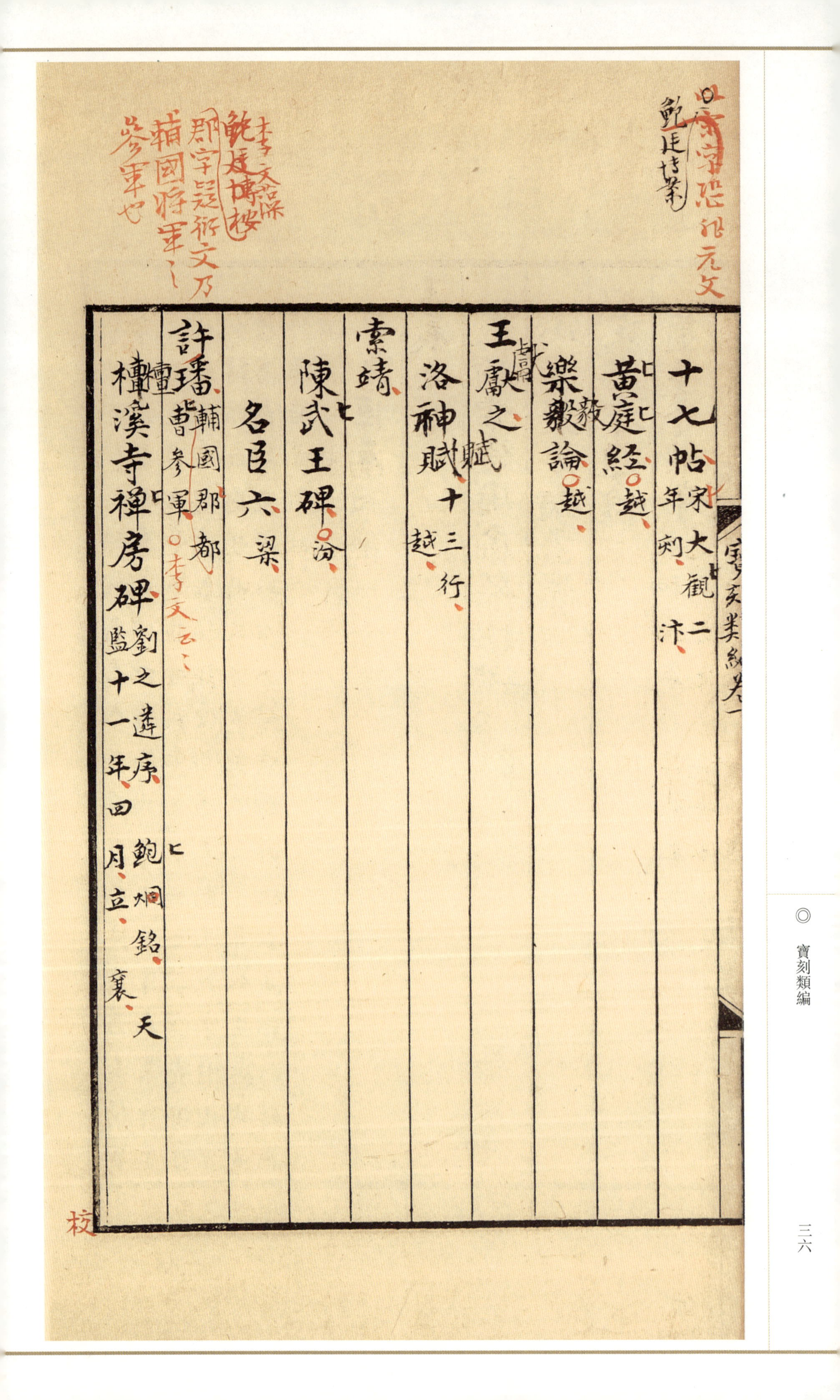

十七帖宋大觀二年刻汴

黄庭經越

樂毅論越

王獻之

洛神賦十三行越

索靖

陳武王碑汾

名臣六梁

許瑶輔國郡都曹參軍

檀溪寺禪房碑劉之遴序鮑炯銘天監十一年四月立襄

陶宏景是當頂格寫元本誤

陶宏景

許長史舊館壇碑撰并書普通二年正月記　昇

蕭挹尚書殿中郎

開善寺知藏法師碑蕭幾撰序蕭綽撰銘世號三蕭碑普通三年九月立

昇

蕭子雲

三絶碑劉孝儀文普通三年立　襄

劉靈

改墮淚碑劉之遴撰大同十年九月　襄

蕭世貞參軍　襄

羅浮山記　蕭□撰大同□立廣

貝義淵

侍中始興忠武王碑　徐勉撰昇

散騎常侍司空安成康王碑　劉孝綽撰昇貝義淵梁武帝時人撰

江寧志始興王憺安成王秀二碑俱義淵所書其碑見存朱彝尊嘗親見而記之原本別以始興碑為貝文淵書誤今改正

張野

慧遠法師碑　謝靈運文江

王僧虔

吳延陵季子二碑　殷仲堪文潤

戚疑作臧

號疑虢元本仍誤

鼎

名臣七 陳

陳景哲 宣成王國常侍

尼慧仙銘 天嘉元年立 昇

名臣八 後魏

劉元明 鎮西將軍署陽公侍郎

大代華嶽廟碑 太延五年五月立 華

沈馥 鎮遠將軍通直散騎常侍

定鼎碑 景明三年十月立 懷

宣武帝御射碑 景明三年 號 虢

王遂 梁秦典籤

元佚地名

石門銘永平二年刻吳元

名臣九東魏

韓毅銀青光祿大夫

大覺寺碑并陰天平四年八月立洛

名臣十北齊

姚淑通直常侍中書舍人

崇因寺碑陸義撰八分書皇建二年三月懷

元佚地名

唐邕造佛文李德林撰隸書武平五年立□

宋元進東豫州參軍

元佚地名

三像頌河清二年造□

校

祠字据周本改

北

周本二年

永徽乾封二碑何以列入後周

王思誠

蒙山祠碑八分書天統五年三月沂

梁恭之譙州蕭縣令

隴東王感孝頌申嗣邕撰武平公元年正月建鄆

隋老子廟碑薛道衡撰隸書開皇六年刻亳按此碑隋代所立蓋以与武平碑同為恭之所書故附于此齊之末耳

名臣十一周後

顏有意成都縣令

總管太學碑保定三年立成都

唐益州學館廟堂記永徽元年立成都

唐滁州刺史劉君碑 李儼撰 乾封二年二月□

趙文淵 車騎大將軍

華嶽廟碑 万紐于瑾撰 天和二年十月立 華 万紐于瑾即唐瑾也燕公于謹与之善請結為兄弟武帝因賜姓万紐于氏原本訛作萬紐于今改正

河瀆廟碑 王褒撰隸書 天和二年十月立 華

謝威 總管府賓曹

實

降魔寺碑 拓拔山榮撰 武德二年立 齊周隋唐時代近接士大夫往往多經涉諸朝即如此碑雖立于唐初而謝威曾為周臣原書遂即系之周代前後似此者尚多蓋其斷限不明亦由體例之未能精審耳

名臣十二 隋

缺地名

謹字疑仍當作瑾

曾仕兩朝者書碑記應以年月為斷而分隸之書者姓名不妨重見則體例較審矣

嚴元照曰桉此意宜於前顏碑下發之

嚴元照曰桉此意宜於前顏斷有意益州學館廟堂記劉君碑

嚴元照曰桉亦嶽乾封二碑皆列于隋

尋字有外誤

从夕从四从日从攴

龐劉㝵

興福寺碑張孝業撰開皇二年二月八日造梓

張孝徵

興福寺碑李德林撰開皇四年梓

韋霈

蕭廣業寺郡守鄭君碑開皇九年京兆

到曼才按金石録到曼才隋文帝時人原本作劉曼曼才悮令改正

至真觀碑辛德源撰開皇十二年六月十五日五成都

丁道護襄州祭酒從事

興國寺碑李德林撰襄

啟法寺碑 周彪撰 仁壽二年十二月五 襄

庾

庾䢵

圓臺山飡霞觀碑 盛仲述 仁壽三年十一月十七日五 江陵

歐陽詢 太常博士○給事中○大子率更令○宏文館學士

李文藻按諸公官爵各就碑中所列者之非舉其生平也

周羅睺墓誌 徐敞撰 大業元年四月五

左光祿大夫姚恭公墓誌 虞世基撰 大業七年十月五 京兆

左僕射元長壽碑 虞世基撰 正書 大業八年正月 京兆 按金石錄宝刻叢編俱作元壽

兵部尚書段文振碑 潘徽撰 八分書 大業八年五 京兆

上儀同楊縉墓誌 許善心撰序 虞世基製銘 京兆

校

宗聖宮碑　撰序并八分書　陳叔達撰銘　武德七年大呂月立　鳳翔

自司空竇抗以下應另編入唐代方爲審當

脫一條

司空竇抗墓誌　撰并八分書　武德五年十月○京兆　按此書編次體例皆據所書最初一碑為定如詢以有大業間數碑即系之隋而轉以唐時各碑附入隋代限斷殊未明晰今姑仍之

傳善奴帖　貞观三年七月十三日書　宋至和二年重磨　京兆

骨利獻馬贊　京兆

司空杜如晦碑　虞世南撰　八分書　貞观四年立　京兆

徐州都督房彥謙碑并陰　李百藥撰　八分書　貞观五年二月二日立　齊

化度寺邕禪師舍利塔銘　李百藥撰　貞观五年十一月　洛

九成宮醴泉銘　魏徵撰　正書　貞观六年四月立　鳳翔

丹州刺史蕭恭公張崇碑　首尾残缺　貞观八年十一月立　京兆

小字心經　貞观九年十月　京兆　越

右低一格誤高

汝南公主墓誌 貞観十年十一月立 京兆

昭陵刻石文 太宗製 八分書 貞観十年刻石 磨滅 京兆

昭陵六馬贊 八分書 京兆

温彦博墓誌 残缺 貞観十一年立 洛

右僕射温彦博碑 岑文本撰 貞観十一年立 京兆

贈高熲禮部尚書詔批答 貞観十一年二月詔無姓名 十二月二十八日批

詔乃詢書 京兆

楚哀王稚詮碑 撰并八分書 京兆

隋宏義明公皇甫誕碑 于志寧撰 貞観中追建 京兆 鳳翔

周大宗伯唐瑾碑 于志寧撰 貞観中立 同上

工部尚書晉昌郡王碑于志寧撰貞觀中立　同上

尹善殿記鳳翔

道林之寺。潭

隋廬山西林道場碑江陵　江陵

鄱陽銘。饒

二吴論潞

千字文

論飛帛

蘊彦威語讖按以上三碑書刻年月及建碑處所原本並闕

史陵

删一條

禹廟碑 褚遂良師筆法精妙大業二年五月立文字磨滅 越

李仁渊

使持節上柱國原缺州刺史李仁碑 宗希顏撰大業二年十二月 峽 陝

侯彥直

欒州使君江夏徐公碑 郗士威撰八分書大業三年七月十五日立 趙

魏璦

橫山頂舍利靈塔銘 嚴總盛製大業四年九月八日五 蘇

柳無邊 元武令

福會道場造隋文皇帝像碑 撰并書大業六年正月十七日鐫 梓

虞世基

校

隆

高陽郡隆聖道場碑撰并書　大業九年十二月五　定

乾隆四十八年癸卯六月廿七日校于知不足齋

歙鮑廷博

寶刻類編卷一

五十七年壬子新秋望前二日元照覆校于芳椒堂

校

工部尚書晉昌郡王碑于志寧撰貞觀中立同上

尹善殿記鳳翔

道林之寺。潭

隋廬山西林道場碑江陵

江陵

鄱陽銘。饒

二吳論。潞

千字文

論飛帛

蘊彥威語讖按以上三碑書刻年月及建碑處所原本並闕

史陵

闕一條

禹廟碑 褚遂良師筆法精妙 大業二年五月立文字磨滅 越

李仁淵

使持節上柱國原缺州刺史李仁碑 宗希顏撰 大業二年十二月 峽陝

侯彥眞

欒州使君江夏徐公碑 郗士威撰 八分書 大業三年七月十五日立 趙

魏瑗

橫山頂舍利靈塔銘 嚴總盛製 大業四年九月八日五 蘇

柳無邊 元武令

福會道場造隋文皇帝像碑 撰并書 大業六年正月十七日 鎸梓

虞世基

校

寶刻類編卷二

宋無名氏撰

名臣十三之一唐

唐奉一太原尉

張河神道碑李璹撰武德八年五太原

中興聖教序中宗撰八分書神龍三年五月五齋

虞世南太子中舍人行著作郎

孔子廟堂碑撰并書武德九年十二月京兆

汝南公主墓誌貞觀十年十一月五京兆

智永千文後七十八字字畫精妙汴

周行軍總管羅刹碑 滑

昭仁寺碑 邠

白鶴詩

孔憲公碑

狄道人墓誌

破邪論序 越

褚遂良 起居郎諫議大夫中書令

枯樹賦 濟之金鄉縣廳一碑在蕪州貞观四年十月八日書凡四百六十七字

三龕碑 岑文本撰字畫奇偉貞观十五年十一月磨崖刻 洛

孟法師碑 岑文本撰貞观十六年五月立 京兆

五言帝京篇太宗製行書貞观十九年八月汴

湖州刺史獨狐延壽碑于志寧撰貞观十九年八月立京兆

晉州刺史裴藝碑上官儀撰貞观二十三年立京兆

贈太尉房元齡碑文字磨滅貞观中立京兆

三藏聖教序記太宗製序高宗製記永徽四年十月刻京兆

草陰符經越

房元齡神道碑齊

小字陰符經越

題度人經變相閻立本畫同上許

宋才驃騎大將軍

大理卿郎頴碑 李百藥撰 貞觀五年十月立 真定

張師邱 郎餘令

尚書左丞郎茂碑 李百藥撰 正書 姪孫餘令題額 貞觀五年十一月立 真定

張行博

法華寺舍利塔銘 貞觀五年 鳳翔

蘇敬稚

襄州刺史鄒襄公張公瑾碑 釋法林撰 正書 貞觀七年七月立碑今亡

佚 襄

殷仲容 戎衛兵曹參軍 麟臺丞秘書郎

昭陵四降王名 貞觀十年 京兆

姑臧郡夫人郁久閭氏碑 許敬宗撰八分書顯慶四年八月立京兆

宗正卿趙宏智碑 于志寧撰正書并篆額麟德二年立京兆

鄭國夫人武氏碑 李安期撰八分書乾封二年立京兆

大興善寺舍利塔銘 李儼撰八分書總章二年五月十五日立京兆

高唐公馬周碑 許敬宗撰八分書上元元年十月十六日建京兆

虢王鳳碑 韓王元嘉撰八分書上元二年立耀

則天幸汖杯亭詩 武后製武三思等凡七首李嶠序八分書久視元年九月刻汝

賴國公史繼先墓誌 徐浩撰并行書書額建中元年八月二十八日京兆

沈季範

法門寺記 正書貞觀十一年二月十五日立 襄

蒲懷興

九仙觀碑 張文卓撰貞觀十一年十月十五日立 梓

殷令民 仲容之父

益州刺史裴鏡民碑 李百藥撰筆法精妙不減歐虞貞觀十一年十月立

諸葛思禎

瑤臺寺碑 許敬宗撰貞觀十一年 京兆

淄州公李同碑 咸亨元年五月 耀

長孫無忌 司空

太宗登逍遥樓詩 貞觀十二年二月 河中

姑臧郡夫人郁久閭氏碑 許敬宗撰 八分書 顯慶四年八月立 京兆

宗正卿趙宏智碑 于志寧撰 正書并篆額 麟德二年立 京兆

鄭國夫人武氏碑 李安期撰 八分書 乾封二年立 京兆

大興善寺舍利塔銘 李儼撰 八分書 總章二年五月十五日立 京兆

高唐公馬周碑 許敬宗撰 八分書 上元元年十月十六日建 京兆

豳王鳳碑 韓王元嘉撰 八分書 上元二年立 耀

則天幸汾杯亭詩 武后製 李嶠序 八分書 武三思等九七首 久視元年九月

汝刻

賴國公史繼先墓誌 徐浩撰并行書 書額 建中元年八月二十八日 京兆

沈季範

法門寺記正書貞觀十一年二月十五日立襄

蒲懷興

九仙觀碑張文卓撰貞觀十一年十月十五日立梓

殷令民仲容之父

益州刺史裴鏡民碑李百藥撰筆法精妙不減歐虞貞觀十一年十月立

諸葛思禎

瑤臺寺碑許敬宗撰貞觀十一年京兆

淄州公李同碑咸亨元年五月耀

長孫無忌司空

太宗登逍遥楼詩貞觀十二年二月河中

從幸九成宮題名 鳳翔

楊師道 中侍

太宗登逍遥樓詩 貞觀十二年二月 河中

薛仁陀

砥柱銘 魏徵撰 貞觀十二年 陝

令狐文軌造像銘 正書 貞觀十四年六月 洛

王行滿 門下録事

太子少師竇良碑 于志寧撰 貞觀十二年立 耀

贈兵部尚書陳良碑 于志寧撰 永徽六年立 京兆

齊國夫人石氏造浮圖銘 許敬宗撰 顯慶元年 京兆

三藏聖教序并記太宗撰序　高宗撰記　顯慶二年十月五　洛

皇甫明偉書學博士

王珪神道碑顔師古撰　貞觀十三年　鳳翔

于立政太常少卿

贈司徒河間元王孝恭碑岑文本撰　貞觀十四年五　耀

司徒王仁佑碑于志寧撰　永徽三年　京兆

太子少師崔敦禮碑于志寧撰　顯慶元年十月五

于志寧神道碑令狐德棻撰　男書　乾封元年十一月五　耀

劉君謌

李先生碑田世榮造　貞觀十五年五月

徐碩

太平觀主王知遠碑道士江旻撰隸書昇

薛純陀

贈比干詔八分書貞觀十九年二月衛

宏福寺辯法師碑顯慶三年八月立筆法遒勁精悍京兆

常皐辯

會善寺貞觀法師碑釋智宗法師撰貞觀二十一年三月建潞

文孝競

衆造寺碑司馬秀辯撰貞觀二十年四月八日立蘄

暢整

轉法輪寺佛石跡圖傳碑 貞觀二十一年 京兆

金吾衛大將軍梁敏碑 顯慶三年 京兆

清河公主碑 李儼撰 麟德元年十月 京兆

西明寺忍辱闍黎塔銘 僧靈瓚撰 麟德二年 洛

阿彌陀經 正書 乾封元年 京兆

司農寺主簿梁幹碑 王知隱撰 咸亨元年 京兆

盧國公程知節碑 許敬宗撰 麟德二年十月立 京兆

邠州三水丞梁師敬墓碑 薛曜撰 證聖二年 京兆

趙國太妃楊氏碑 李儼撰 京兆

趙模

徐碩

太平观主王知遠碑 道士江旻撰 隸書昇

薛純陀

贈比干詔 八分書貞观十九年二月衛

宏福寺辯法師碑 顯慶三年八月立筆 法通勤精悍京兆

常皐辯

會善寺貞观法師碑 釋智宗法師撰貞观 二十一年三月建潞

文孝競

衆造寺碑 司馬秀辯撰貞观二十 一年四月八日立蘄

暢整

轉法輪寺佛石跡圖傳碑 貞觀二十一年 京兆

金吾衛大將軍梁敏碑 顯慶三年 京兆

清河公主碑 李儼撰 麟德元年十月 京兆

西明寺忍辱閣黎塔銘 僧靈瓚撰 麟德二年 洛

阿彌陀經 正書 乾封元年 京兆

司農寺主簿梁幹碑 王知隱撰 咸亨元年 京兆

盧國公程知節碑 許敬宗撰 麟德二年十月立 京兆

邠州三水丞梁師敬墓碑 薛曜撰 證聖二年 京兆

趙國太妃楊氏碑 李儼撰 京兆

趙模

高士廉塋兆記 許敬宗撰貞觀二十一年立京兆

李元模

刑部尚書彭城襄公王德誠碑 許敬宗撰永徽二年立雍

劉單 南陽尉

南陽令鄧慈豐山堰記 撰并書永徽三年正月十五日立鄭

郭謙光 國子監丞太學助教

贈荆州刺史尹惠碑 藴説撰永徽三年立京兆

李[illegible]碑 吴師道撰八分書永淳元年立洛

并州長史崔敬嗣碑 胡皓撰八分書景雲二年九月立京兆

太子左庶子韋維碑 崔日用撰八分書開元六年立京兆

元都觀主尹尊師碑裴子餘撰八分書開元八年四月立京兆

沁州刺史馮仁碑崔尚撰開元二十二年京兆

李元植太子文學宏文館學士

贈禮部尚書劉德威碑許敬宗撰永徽四年立京兆

劉損之

左僕射張長遜碑鈕孝孫撰永徽五年立耀

郭廣敬

户部尚書楊纂碑令狐德棻撰永徽六年京兆

蘓敬

贈荆州刺史都督張公瑾碑僧法琳撰永徽中立京兆

韓處約

代國夫人開佛龕碑陳國重撰顯慶二年立京兆

夏珪侯

宏福大德梁瓚法師碑李儼撰集王書顯慶二年京兆

王知敬膳部員外郎直宏文館

贈司徒李靖碑許敬宗撰顯慶三年五月立京兆

司衛卿尉遲寶琳碑許敬宗撰咸亨元年正月立京兆

攝山明徵君碑高宗撰高正臣行書篆額上元三年四月立昇

武后少林寺詩武后撰永淳二年九月洛

武后發願文永淳二年九月洛

武后幸閑居寺詩書并篆額　長安四年四月　洛

右衛大將軍泉府君碑劉應道撰　洛

竇懷哲慶州刺史駙馬都尉

蘭陵長公主碑李義府撰　顯慶四年十月立　京兆

段師範

監門衛將軍段業碑劉延祐撰　孫師範書　龍朔元年　京兆

張延壽文林郎

修正寺舍利塔文楊武英撰　龍朔二年六月立　河中

李崇真

永州刺史冉仁才碑張昌齡序　行書　龍朔三年二月十二日　萬

賀蘭敏之

岐州法門寺舍利塔銘 撰并行書 龍朔三年二月立 鳳翔

蕭灌

司禮少常伯辛良碑 李儼撰 正書 龍朔三年二月己酉朔立 京兆

明皇賜上黨故吏勅書 張說撰 太子亨題額 天宝十一載十月 潞

吳保安

安國寺才法師碑 高智周撰 龍朔三年十月 常

歐陽通 詢之子 蘭臺郎

道因法師碑 李儼撰 龍朔三年十月立 京兆

歐陽詢妻渤海縣太君徐氏誌 鄧元挺撰 子正書 文明元年三月立

京兆

趙道興

老子廟題名 麟德元年　亳

袁義恬

袁游擊碑 子撰并書　麟德元年立　□

蘇季子

越州都督于德芳碑 從弟志寧撰　麟德元年四月八日建　耀

殷亮

於潛令丁明府德政頌 撰并書　麟德二年三月九日立　杭

武敏之

金剛經 麟德二年京兆

竇節

司元太常伯竇德元碑 李儼撰姪書乾封元年十一月京兆

孫希範

孔宣尼碑 崔行功撰八分書乾封元年兖

王元宗

華陽觀主王軌碑 于敬之撰乾封二年十一月立昇

歐陽植

王屋縣令崔公碑 乾封二年京兆

工部尚書姚璹碑 弟挺撰神龍二年四月二十三日京兆

高正臣豫王府屬直宏文館

夏州都督姜協碑李安期撰乾封二年五京兆

莊嚴寺行虔法師碑許彥伯撰上元元年九月十五日建京兆

攝山明徵君碑高宗撰行書王知敬篆額上元三年四月立昇

郝文會

西明寺上座道宣律師舍利塔記撰并書乾封三年京兆

蘇休奕

杜延基造心經正書總章元年六月

李義廉

王軌碑後題名總章二年昇

蕭懷德

定遠將軍武師模碑霍松容撰總章三年立京兆

楊仲之

九隴縣楊平山仙居觀碑王勃撰咸亨二年彭

武琦

德州刺史李公碑咸亨二年京兆

趙仙容

徐王元禮碑崔行功撰咸亨三年五耀

張遂隆

戎州刺史董寶亮碑李儼撰八分書咸亨四年十月汴

虞昶

贈泰州都督韋琨碑 許敬宗撰 咸亨四年

柳洋

臨汾縣令于府君德政碑 謝祐撰 咸亨四年十二月 晉

王忱

翠微寺道瑩法師塔碑 張巨源撰 咸亨五年 京兆

薛曜

大道觀記 東方璆撰 咸亨五年立 成都

周封祀壇碑 武三思撰 正書 萬歲登封元年十二月 洛

周武后宴石淙莊序并詩 諸公撰 正書 洛

周游仙篇 武后撰

李承福 豫州褒信縣主簿

智乘寺禪院碑 阮立德撰咸亨中立 潞

張元靚

延福寺浮圖碑 沈長卿撰上元三年正月 均

傅德節

九門縣西浮圖碑 董行恩撰上元三年立 真定

趙哲

五晉練行禪師碣 高心撰 行書 儀鳳三年七月十四日建 京兆

孫仲杲

欒城縣孫氏紀族碑孫福善撰　儀鳳三年立　真定

李君惠

大興國寺舍利塔碑越王貞撰　集王羲之書　儀鳳四年三月立　虢

陳遺

國子司業于立政碑弟渢之撰　八分書　調露元年十二月　耀

宋元本

神和府折衝都尉王佗碑撰并正書　調露元年　洛

陳昇

立吴太極左仙公葛公碑梁陶隱居撰　調露二年正月重建　昇

盧元桂桃林主簿

獨孤府君頌德碑孟鈇休撰　調露三年立　陝

李振方

慈恩寺善導禪師塔碑僧義成撰　永隆二年　京兆

薛文舉

開業寺碑李尚一撰　開耀二年二月立　真定

吴知禮

啟法寺金銅無量壽像碑張昌齡撰　八分書　永淳元年四月八日建　襄

劉師憲

皖山祠碑劉嘉哲撰　永淳元年四月立　舒

橋道偉

泗水令寶孝忠清德頌 雋宏缺公正書 永淳元年七月十五日建 兖

沮渠智烈

少姨廟碑 楊炯撰 永淳元年十二月立 洛

啟母廟碑 崔融撰 永淳二年正月立 洛

奉仙觀老君像碑 李審咸撰 垂拱元年 口

齋懷壽 登仕郎

王法師碑 劉禕之撰 文明元年立 昇

劉元明

武强令梁胙德政碑 垂拱元年四月立 深

宋之愻

襄州刺史封公碑垂拱元年十月立　襄

孫過庭

書譜垂拱二年寫記　汴

席望海

慈德寺會真法師紀德碑馮直內撰垂拱三年二月立　洛

王義臨

渝州游仙觀杜法師功德碑韓太沖撰垂拱三年立　恭

鞠處信

法果寺碑姚璹撰垂拱四年二月立　定

陶德甄

宣州刺史陶大舉德政碑僧靈廓撰永昌元年二月十三日立太平

李敬

介休令張沖清德碑李愿撰永昌元年九月立汾

劉翊

周化善寺石井銘周君謩撰行書天授二年十月建徐

董㬎

龍泉寺碑虞世南撰㬎重書沙門好直篆額天授二年五太和三年再建

趙楚英

伊州刺史衡府君碑彭元覺撰天授二年五洛

馬元貞

漢史晨饗孔廟後碑題 天授二年 兗

楊楚珪

冠軍大將軍楊公碑 蘓味道撰 姪正書 長壽元年十月 京兆

杜行均

周兗州司馬王仁恭祭岳頌 嚴浚撰序 八分書 長壽二年正月 兗

李謩

雅州名山縣令李文義墓誌 顏令伯撰 孫正書 長壽三年 京兆

顏真卿

醴泉尉 撫州刺史 湖州刺史 兵部員外郎 武部員外郎 平原太守 蓬州別駕

刑部尚書 吉州別駕 刑部尚書 金紫光祿大夫 撫州刺史 昇州刺史 浙西節度使 吏部

尚書太子少師魯郡公

周醴泉令張仁蘊德政碑 齊處沖撰 長壽三年立 京兆

贈工部尚書臧懷恪碑 撰并書 開元十二年立 耀

殷履直夫人顔氏碑 從姪撰并書 開元二十六年立 洛

河南府參軍郭揆碑 撰并書 天宝十一載三月立 洛

西京千福寺多寶塔感應碑 岑勛撰 徐浩題額 天宝十一載四月立

京兆

工部尚書郭虛己碑 撰并書 天宝十一載 洛

東方先生畫贊 晉夏侯湛撰 天宝十三年十二月重立 浙饒

畫贊碑陰記 撰并書及題額 天寶十三年立 同上

後有鮮于氏。疑有一误

祭姪文撰并行書乾元元年九月京兆越

祭伯文行書藁乾元元年十月洛越

刻遒遥樓詩請御書碑額表乾元元年立河中

華嶽廟題名乾元元年華

鮮于民離堆記撰并書寶應元年五閬

贈太保郭敬之廟碑撰并書代宗題額廣德二年五月立京兆

顔允南父母贈告二寶應二年十一月下沂

贈太常卿韋鎮神道碑獨狐及撰寶應二年五京兆

岑夫人碑廣德中立

東林題名永泰丙午六月江

西林題名永泰丙午六月　江

贈華州刺史顏頵甫碑孫男撰并書　永泰二年　京兆

贈太子少保鮮于仲通磨崖碑撰并書　大歷元年立　閬

鮮于氏神道碑撰并書　大歷二年正月立　閬

靖居寺題名大歷二年十月題　吉

冨平尉顏喬卿碣弟撰并書　大歷四年四月立　京兆

立晉紫虛元宫君南岳魏夫人仙壇記撰并書　張宙篆額　大

歷四年十一月建　撫

麗正殿學士殷踐猷墓碣撰并書　大歷五年五月立　洛

大斌令殷攝碑撰并書　大歷五年立　洛

國子司業顏允南碑 弟文并書 大歷五年五 京兆

麻姑仙壇記 撰并書 大歷六年四月立 撫

小字麻姑仙壇記 與上同其字甚小

大唐中興頌 元結撰 大歷六年六月磨崖刻 永

立晉顏含大宗碑 十四世孫撰并書 大歷六年十一月立 昇

律藏院戒壇碑 撰并書 大歷辛亥 撫

立晉顏含碑 李闡撰傳 曾孫延之撰銘 十四世孫書 大歷七年四月建 昇

項王碑陰述 大歷七年五月 湖

右丞相宋璟碑 撰并書 大歷七年九月追建 邢

八關齋會記 撰并書 田悅篆額 大歷七年立 大中五年崔倬補書 應天

干禄字書 顔元孫撰 大歷九年正月刻 魯公 惟此注最小而筆力精勁可法 湖

放生池碑 撰并書 大歷九年正月立 湖

乞御書放生池碑額表 批荅肅宗書 大歷九年立 湖

乞御書放生池碑額表碑陰記 撰并書 大歷九年 湖

贈太子太保顔杲卿碑 族弟撰并書 大歷九年建石刻缺 京兆

商州刺史歐陽琟碑 撰并書 大歷十年十月立 鄭

射堂記 撰并書 大歷十二年四月立碑石缺訛 湖

元靖先生碑 撰并書 大歷十二年五月立 昇

太保昭武公李抱玉碑 楊綰撰 大歷十二年五月立 京兆

梓州刺史杜濟碑 撰并正書 大歷十二年十一月 京兆

台州刺史康希銑碑撰并書大歷十二年立爲民擊碎越

懷圓寂上人詩作并書大歷十三年十二月立京兆

贈司徒馬璘新廟碑程浩撰韓秀實八分書題額大歷十四年七月京兆

顏魯公殘碑大歷十四年宣

容州都督元結碑撰并書大歷中立汝

顏公神道碑姪撰并書大歷中立洛

肅宗女和政公主墓誌大歷中刻京兆

尚書左丞韋璟碑大歷中立

薛王友顏惟貞家廟碑撰并書李陽冰篆額建中元年七月立京兆

明州刺史王密德政碑李丹撰李陽冰篆額建中二年十月立明

元魯山墓碣李華撰李陽冰篆額建中四年秋立洛

華陰等節度馬公碑杜泰光撰貞元六年立洛

濠州刺史顔元孫碑弟撰并書碑不完洛

工部尚書郭福善碑撰并書及題額洛

蔡明遠帖洛

与李大夫乞米帖洛

鹿脯帖越

寒食帖越

馬伏波帖越

二十二字錢明遠題

薦福寺碑　雷震破　饒

鴈塔題名　京兆

送劉太沖序

贈和州刺史張敬因碑　撰并書　殘　缺　許

上定襄郡王郭知運坐位帖　撰并書　越　京兆

撫州刺史杜濟墓誌　碑云撰而不云書歐陽公以謂非魯公不能也

夔州都督府長史顏勤禮碑　曾孫撰并書　越

興唐寺大慧禪師元偘法師碑　越

扶風郡王君璘碑　程浩撰　韓秀寶題篆

臧氏糾宗碑　撰并書　耀

清遠道士詩 与李德裕追和 蘊

湖州石記 殘缺 湖

顔處士殘碑 撰并書及篆額 南康

崇仁令元子哲遺愛碑 撰并書 令匹撫 石

雞堆山鮮于氏讀書記 撰并書 缺

開元寺僧殘碑 潍

十五代祖汝陰太守默碑

与盧八帖 洛

華嚴寺鑒法師碑 杭

千金陂碑

潁川殘碑

涇縣殘碑

大字慈竹詩

寶應殿記

江陰少尹顔臧碑

王庭坦 文林郎

揚州都督府長史薛寶積碑 王處撰 長壽中立 河中

魯全

大周空慧寺鐘銘 證聖元年立 成都

薛稷 鳳閣舍人 中書舍人 禮部尚書 昭文館學士

周封中岳碑崔融撰碑殘缺萬歲登封元年臘月十七日建洛

周杳冥君銘撰并書神功元年十月立

周洛陽令鄭君碑撰并書久視元年六月立洛

周福昌令張君清德頌八分書遒勁婉美乃社稷之最奇文已訛缺大足元年

信行禪師興教碑越王貞撰神龍二年八月立京兆

贈益州都督王英暢碑撰并書景雲二年七月立京兆

洛州告成縣令盧常道德政碑崔缺撰李蘭撰頌貞元十七年

襄城令贈魏州刺史李公碑洛

散騎常侍贈侍中趙郡成公碑書撰同上

封府君碑撰并書洛

偃師令崔府君德政碑洛

周昇仙太子廟碑陰

佛石跡圖傳京兆

陀羅尼經京兆

黄幹

大周石佛寺碑徐遊藝撰萬歲通天元年八月滁

王惠元內供奉書手

石泉縣元山觀碑劉懷度撰萬歲通天二年二月建金

殷祚

周化度寺道感法師塔銘撰并正書萬歲通天二年八月十五日建京兆

蔡有鄰翰林院學士左衛兵曹參軍集賢院待制

丹州刺史蕭宗道碑員半千撰八分書久視元年京兆

盧舍那含珉像碑趙僎撰八分書開元十六年三月立定

元氏令龐履温清德頌部混之撰八分書開元二十四年九月真定

立周太師尉公廟碑閻伯璵撰序顏真卿撰銘隸書開元二十六年正月立

相

尉遲公廟碑孫士良撰八分書開元二十六年二月立相

定進巖碑嚴浚撰八分書開元二十六年十月

登叢臺懷古賦嚴浚撰八分書開元二十七年秋立磁

張嘉貞後碑李邕撰八分書開元二十八年四月立洛

崔潭龜詩潭龜撰八分書天寶五年十一月刻京兆

贈太子少保顏惟貞碑陸據撰八分書天寶六年十月京兆

贈東平太守章仇元素碑韋述撰八分書天寶七年立鄠一在京兆

禮部尚書徐筠碑陶翰撰天寶九年鄠

禮部尚書徐南英碑陶翰撰天寶九載立鄠

戶部尚書章仇兼瓊碑馮用之撰八分書天寶十年立鄠

張嘉貞後碑陰八分書洛

曹溪能大師碑邢

石經藏贊

任城縣橋亭記

常州刺史陶雲德政碑

蕭令臣

濮州長史蕭珪碑 員半千撰 次子正書 大足元年四月立 京兆

賈膺福 太子中舍人

周大雲寺碑 撰并八分書 大足元年五月立 懷

修封禪壇記 撰并正書 景雲二年八月立 兖

鍾紹京 太子詹事光祿大夫中書令上柱國越國公

周靜法師方墳記 張嘉貞撰 長安三年十二月立 京兆

遍學寺碑 韋承慶撰 開元二年立 襄

廣州都督馮君衡碑 張說撰 開元十八年立 京兆

覺

贈虢州刺史楊歷碑李邕撰序義男銘并書開元十九年五京兆

愛州刺史徐元貴碑撰并八分書開元二十年五月京兆

阿彌陀佛讚般彥方撰開元二十年五月□

袁元哲鳳州錄事

崇聖寺曇邃法師碑僧波崙撰長安元年京兆

周整法師造像碑僧波崙撰洛

盧藏用起居舍人兼知中書舍人事吏部侍郎修文館學士容州都督

周立漢太尉紀信碑撰并八分書長安二年七月立鄭

周都官郎中孔昌寓碑撰并八分書長安三年二月□

洛陽尉馬克忠碑八分書景龍三年二月洛

龍興寺碑 張說撰 八分書 景龍四年五月立 陳

贈司空蘇瓌碑 撰并八分書 景雲元年十一月立 京兆

景星寺碑 撰并八分書 開元四年立 容

建福寺三門頌碑 開元五年 汴

國師玉泉寺大通禪師碑 張說撰 八分書 開元十年四月建 荊門

忠烈段太尉碑 隸書 鄭

韋同

游冨春題 八分書 長安二年十二月 杭

沙州司馬楊榮碑 孫元表篆 八分書 神龍二年三月建

龍興寺淨土院碑 李邕撰 八分書 開元中立 華

韓懷信

遊栖巖寺詩高宗則天撰長安二年

蕭懷素

周大雲寺碑陰長安二年立懷

范元哲

司刑寺佛跡碑銘閻朝隱撰長安二年京兆

吴守䓨渤海郡武騎尉

司刑寺佛跡碑銘范元哲撰長安二年京兆

薛融

龍興寺碑陰韓琦等題名五十六人

韋希弼太平縣令

晉州長史韋通碑楊炯撰　孫八分書　長安三年四月　京兆

武安君李牧廟碑李秦授撰　八分書　長安四年　絳

段元述

奉仙觀寇法師序德銘王道珪撰　長安三年九月　洛

韋均

石佛像記撰并正書　長安二年　京兆

閻貞禹

阿彌陀石像記撰并書　長安三年　京兆

劉穆之

脫注

劉惲造七寶臺阿彌陀像記 撰并正書 長安三年 同上

韓景陽

大周東鎮沂山碑 房晉撰 八分書 長安四年五月立 青

孫季珣

周宋州大雲寺一切經碑 沙門麗之詞 八分書 長安四年九月二十五日

建 應天

張庭珪 黃門侍郎 宋州刺史

信行禪師碑 越王貞撰 八分書 武后時立 京兆

贈左僕射劉延景碑 徐彥伯撰 八分書 景雲二年二月立 京兆

頭陁寺碑 王簡栖撰 八分書 開元六年立 南唐重立 鄂

魯孔子廟碑 李邕撰 八分書 開元七年十月 兗

兗州刺史韋元珪頌 狄光嗣撰 開元九年十一月立 兗

魏州刺史狄仁傑生祠碑 李訥撰 八分書

佛駄禪師舍利塔碑 李訥撰 八分書 開元十七年七月十五日建 江

贈秘書監程文英碑 李邕撰 八分書 大歷七年五月五 洛

贈司徒吳珣碑 大歷中立 京兆

武三思

福先寺浮圖碑 武后撰 神龍元年七月建 洛

孫原奭

櫟陽令賀德政碑 神龍元年 洛

楊畧

建後周并州總管宇文舉碑盧思道撰神龍二年十月曾孫追建洛

唐從心殿中丞

贈秦州刺史唐宗碑岑羲撰族孫書神龍元年五京兆

贈岐州刺史唐階碑盧蔵用撰族孫書神龍二年五京兆

武盡禮文林郎

孔子讚景龍二年懷

寧照寺鐘銘武承泰撰景龍三年五懷

王麟

新興縣令光燕客清德碑閻朝隱撰行書景龍二年九月十七日建

顔叔堅

國子監祭酒武承規墓誌藺𩔗撰景龍三年八月立京兆

魏紹

沛國節義夫人鄭氏塔碑岑羲撰景龍三年立京兆

嚴識元

贈兗州都督蘇瓘碑撰并正書景龍四年

史處權

立晉建安太守史憲神道碑從孫嶷撰從孫正書景龍四年二月立

立昇

李涉

常。

龍興寺碑盧季珣撰八分書景龍四年四月杭

李惟恕國子進士

匡城令鄭府君碑吳光璧撰景龍中立滑、

李慈敬吏部掌選

中興頌嚴善思撰中宗時立

蘇詵校書郎詳正學士

天竺寺碑蘇頲撰八分書景雲元年十月

縣令薛縉德政碑蘇頲撰八分書景雲二年正月立京兆

洛州長史盧公善政頌八分書景雲公二年京兆

高安公主碑蘇頲撰隸書開元五年京兆

應白

李固微

陽武縣李行忠佛堂記景雲元年十月六日建　鄭

施楚玉

仙都觀王陰二仙翁碑李慶之撰　景雲二年正月五　忠

趙冬曦

勝業寺雙彌勒像記褚慶文撰　景雲二年二月

張滂

三門渠洪門監脩記張庭雍撰　書并篆額　景雲二年　京兆

李振

鄭州刺史王思恭碑撰并正書　景雲二年　京兆

殷子陽

大雲寺石燈臺記 景初陽撰八分書景雲二年

宇文珪

仙都觀王陰二真君碑 薛鏡一撰景雲二年正月立忠

殷祈

宋隴紀德碑 趙栖桐撰景雲二年正月二十九日建汾

楊幽經

崇元宮碑 孫處元撰太極元年四月立汾昇

王崇敬

河瀆紀瑞頌 崔禹錫撰八分書先天元年立

權環

清邊軍總管楊乾緒碑褚琇撰八分書先天元年十一月立耀

魏思禮岐王府參軍

贈廣州大都督成王仁碑岑羲撰先天二年立京兆

太僕少卿天水郡王信碑蘇晉撰先天二年京兆

崔璹

洪州刺史王守真碑賀遂涉撰先天二年耀

八月初九日巳刻知不足齋校

寶刻類編卷第二終

寶刻類編卷三

宋　無名氏　撰

名臣十三之二唐

甘獻誠

贈右僕射王洎碑盧藏用撰八分書開元二年二月五

賀知章

龍瑞宮記撰并書開元二年二月五越

張傑

少林寺戒壇記僧義淨撰八分書開元三年正月洛按金石錄戒壇記三藏法師義淨撰原本僧訛儀改正

龍　見金石録

徐嶠之將作少監　趙州刺史

庵興寺碑康希銑撰　開元三年二月立　嚴

贈吏部尚書姚懿碑胡皓撰　開元三年七月立　洛

光禄少卿姚㝇碑崔沔撰　開元五年四月立　洛

鄭國夫人鄭氏碑崔日用撰　洛　開元六年十月

永豐陂堰頌撰并八分書　開元七年五月　□

懷州刺史陶大舉碑姚崇撰　開元八年　洛

高行先生徐師道碣姚奕撰　賀知章銘　子書　開元十一年四月立　越

香嚴寺碑康希銑撰　開元十一年六月立　越

陳孝義寺碑并陰徐㥄撰　十世孫書　開元二十三年正月十五日立　字體勁

媚湖

彭城郡太夫人劉氏碑　子崇序　李問政銘　開元中立　洛

烏龍寺碑　嚴

李迥秀

贈吏部尚書襄武公李秘碑　撰并書　開元三年立　京兆

崔璿　太常博士

崔慎碑　蘇頲撰　孫八分書　開元三年立　博

胡愔

汾陰后土祠銘　撰并八分書　開元四年八月　河中

胡光璧　鄭縣尉

建福寺三門頌成碑 盧藏用撰 集王羲之書 開元五年正月立 汴

李邕 松陽令福州刺史海州刺史楚州刺史陳州刺史括州刺史淄州刺史

有道先生葉國重碑 撰并書既為撰銘而難招書葉法善追其魂而書之謂之追魂碑 開元五年三月立 紹興十四年大雷碎其石 處

右武衛大將軍李思訓碑 從子撰并書 開元八年立 華

大雲寺碑 撰并書 開元十一年四月立 海

婆羅樹碑 撰并書 開元十一年十月立 楚

孔子老子顏子贊 睿宗撰 八分書 開元十一年十二月立 海

大雲寺講堂碑 撰并書 開元十一年 陳

石室記 開元十五年 端

龍興觀碑　撰并書　開元十七年立　蜀

嶽麓山寺碑　撰并書　開元十八年九月立　潭

東林寺碑　撰并書　開元十九年七月立　宣

左羽林大將軍臧懷亮碑　撰并書　開元十九年　耀

秦望山法華寺碑　撰并行書　開元二十二年十二月　越

普光王寺碑　撰并八分書　開元十四年十二月立咸通中重刻　泗

東山爱同寺懷道闍黎碑　撰并書　開元二十五年七月立　福

大乘爱同之寺碑　福

李府君碑　撰并書　洛

王有方碑　撰并書　洛

巖

八封壇碑除舊文換新文刻之陳

開元寺碑撰并書開元二十八年七月淄

雲麾將軍李秀碑撰并行書天宝元年正月立幽

鄂州刺史盧府君碑撰并書天宝元年二月洛

岳麓寺大照和尚普寂碑撰并行書天宝元年二月立洛

靈巖寺碑撰并書天宝元年立齊

盧重元

杯渡禪師墓石柱銘八分書開元五年四月徐

尊勝陀羅尼經幢八分書開元中立大名

韓擇木國子監四門博士翰林院學士慶王府屬諸王侍書榮王府司馬國子司業禮

部尚書集賢學士　右散騎常侍太子少保致仕

贈歙州刺史葉慧明碑　李邕撰　八分書　開元五年七月五　處

蒲州刺史裴寬德政碑　趙良器撰　八分書　開元二十四年　河中

洛陽縣食臺記　裴總撰　八分書　開元二十六年七月立　洛

左散騎常侍尹愔碑　吳鞏撰　八分書　開元二十八年　京兆

桐栢觀碑　崔尚撰　八分書　天宝元年三月立　台

韓賞祭華岳文　賞撰　八分書　天宝元年四月刻　華

駙馬都尉豆盧建碑　張垍撰　八分書并額　天宝三年七月　京兆

陽城郡太守趙公禛碑并陰　馬用之撰　八分書　衛包篆額　天宝八年正月五日建　灘

太原尹韋湊碑　族子述撰　八分書　天寶九年　京兆

棣王琰墓誌　王齊同撰　八分書　天寶十年二月　京兆

金城寺放生池記　八分書　天寶十年七月立　京兆

榮王妣朱夫人墓誌　褚孝偉撰　天寶十一年七月立　擇木以八分名家獨此正書筆法清勁　京兆

瑶臺寺新降大德碑　韓畢撰　八分書　天寶十一年十二月立　京兆

工部尚書來曜碑　張鎬撰序　蕭昕撰銘　八分書　肅宗篆額　上元二年正月立　鳳翔

來曜碑陰　元載撰記　八分書　寶應元年立　鳳翔

李梁公遺愛頌　房琯撰　八分書　史惟則篆公額　廣德二年五月立　鳳翔

萬年令徐昕碑韓雲卿撰八分書李陽冰篆額大歷四年三月立洛

左武衛中郎將臧希忱碑撰并書大歷四年立耀

贈梁州都督徐秀碑顏真卿撰八分書李陽冰篆額大歷五年三月立洛

再修隋信行禪師塔碑于益撰張楚昭行書篆額大歷六年閏三月建京兆

慈恩寺常住莊地碑顏真卿撰八分書代宗篆額大歷六年八月京兆

薦福寺臨壇大德戒律師碑韓雲卿撰八分書史維則篆額大歷六年立京兆

吏部郎中楊仲昌後碑席豫撰八分書大歷六年立陝

鳳翔節度孫志直碑裴士淹撰八分書大歷中立京兆

三絶碑洛

孔子廟碑八分書河中

瑶臺寺大德碑

周君義

永仙觀主宗先生碑孫缺安撰開元五年九月十日立昇

蕭元皎

陳延喜妻穆氏墓誌齊望之撰開元六年正月

梁昇卿殿中侍御史內供奉河南少尹中書舍人

揚元琰碑崔沔撰八分書開元六年四月陝

郭知運後碑張說撰八分書開元十一年五月立京兆

御史臺精舍碑　崔湜撰　八分書　開元十一年　京兆

岷州刺史王君碑　李邕撰　八分書　元行冲題額　開元十五年立

贈吏部尚書蕭灌碑　張説撰　八分書　明皇八分題額　開元十八年五月　京兆

誠節公馮昭泰碑　康壬洽撰　八分書　開元二十一年　京兆

請立馮公碑表并墨詔　八分書　陸堅題額　開元二十一年　京兆

同州刺史解琬碑　蘇頲撰　八分書　開元二十三年五月立

贈凉州刺史張守讓碑　韓休撰　八分書　開元二十三年七月建　京兆

光禄卿鄭曾碑　撰并八分書　開元二十四年五月

寧州刺史裴守真碑　崔沔撰　八分書　開元二十四年立　絳

工部侍郎李景伯碑 從子訥撰 八分書 開元二十五年 洛

太子賓客麗承宗碑 蕭穎撰 八分書 衛包篆額 開元二十八年八月 京兆

監察御史李希倩碑 李邕撰 八分書 徐浩篆額 天宝二年四月 洛

立古義士伯夷叔齊廟碑 撰并八分書 河中

張府君碑 元宗撰 八分書 洛

斛斯府君碑 蕭穎撰 八分書 洛

魏華 安州都督陝王府司馬 撿校左庶子

豫州刺史魏叔瑜碑 張說撰 次子華書 開元六年五月立 京兆

贈司空竇希瓛碑 李湛然撰 開元六年十月立 京兆

贈梁州都督郭知運碑 蘇頲撰 開元十年七月立 京兆

陳少平

右監門衛將軍安思恭碑 蘇詵撰 開元六年 京兆

司馬絢

中岳韓先生碑 崔桑撰 行書 開元六年十月 洛

劉升 右補闕內供奉

蘇氏愛敬等造觀音像碑 李畬撰 八分書 開元六年十月五 京兆

徐州刺史蘇詵碑 裴耀卿撰 開元七年六月五 京兆

楊元琰述先史記 徐彥伯撰 八分書 開元中五

陸堅 右散騎常侍

夔州都督王公碑 邢鈌撰 開元六年 京兆

右驍衛大將軍趙元禮碑潘肅撰八分書開元十五年閏九月立洛

贈夔州都督王方翼碑張說撰八分書元行冲篆額開元十六年十月京兆

張嘉貞碑王邱撰八分書開元十七年十一月立京兆

請立馮公碑表梁昇卿八分書題額開元二十一年京兆

程公碑劉彤撰開元二十四年立洛

封禪壇殘碑八分書開元中立

任遺祚

善達法師碑郭庭海撰開元七年五月建大名

馮合晏吏部掌選

常

納職令王行碑楊齊哲撰開元七年五月立郃字缺不可辨

韋凝

益州大都督府學孔子廟堂記周顗撰開元七年七月二十八日立成都

胡履虛

周伯鸞修文翁高朕石像碑周顗撰八分書開元七年立成都

六公詠李邕撰八分書開元十一年刻五王為一章狄相公為一章文詞高古

傅巖吏部掌選

鴈塔題名并詩開元八年二月八日題京兆

姚思義

嘉禾寺禪院碑 徐楚璧撰 八分書 開元八年八月 洛

陳懷志

北岳府君碑 韋虛心撰 行書 開元九年三月 真定

王晏

河侯新祠頌 秦崇撰 行書 開元九年四月立 真定

徐浩 嶠之之子 越州刺史 瀛州樂壽尉 衢州龍遊縣尉 監察御史 集賢院修撰 京兆府司錄 金部員外郎 河陽縣令 都官郎中 朝議大夫 武部郎中 吏部侍郎 集賢殿學士 廣州刺史 嶺南節度使 明州別駕 彭王傅

易州遂城令康府君碑 沈惟南撰 開元九年十月 洛

越王香嚴寺碑 康希詵撰 開元十一年

玉京觀碑記李璿之撰開元十一年五月朔　絳

陳州刺史陶公碑姚奕撰張昇銘開元二十年　洛

濟源令李造遺愛頌梁陟撰開元二十六年十月立　孟

大興善寺一行禪師真贊撰并正書開元中立　京兆

立漢舞陽侯祠堂碑王利器撰史惟則八分書篆額天宝二年二月立　許

監察御史李希倩碑李邕撰梁昇卿八分書篆額天宝二年四月立　洛

嵩陽觀紀聖德感應頌李林甫撰八分書天宝二年二月立　許

陳留郡太守徐惲碑李邕撰行書天宝五年八月

程元封碑邢韶撰天宝六年七月立　洛

開梁公堰頌祁順之撰八分書并篆額天宝六載七月立　孟

北海太守竇戒盈碑撰并八分書李遇正書天宝七年正月洛

濟源令房琯遺愛頌平冽撰天宝七年二月立孟

三景法師鄭元宗碑李造撰天宝八年七月立洛

洛州刺史徐嶠之碑李邕撰季子正書史惟則篆額天宝八載十月立
洛

康珽告行書天宝十年三月

明禪師碑鄭靈之撰天宝十年七月洛

新安郡太守張公碑韋述撰史惟則篆額天宝十年十一月洛

般舟禪師元隐律師碑撰并書天宝十一年二月立洛

東光縣主碑李華撰八分書天宝十一載閏三月洛

當有類字

西京千福寺多寶塔感應碑岑勛撰顏真卿書題額天宝十一年四月立京兆

京兆杜夫人碑瞿題撰天寶十一年十月洛

贈文部郎中薛悌碑蕭穎撰八分書天寶十三載二月河中

資州刺史裴仲將碑陸據撰八分書并篆題天寶十三載立洛

贈坊州刺史韋餘慶碑八分書天寶十三載京兆

廣濟院碑篆書天寶十三年京兆

永陽郡太守姚奕碑達奚珣撰正書并八分書題額天寶十四年二月洛

法華寺元儼律師碑萬齊融文天寶十五年六月立越

秦望山法華寺碑萬齊融文天寶十五年越

龍門觀音像記陶翰撰正書天寶中立洛

嵩岳寺題經經首十字曰楞伽阿跋陀羅寶經一部天寶中立洛

山谷寺璨大師碑房琯撰八分書肅宗元年建辰月舒

郭敬子碑陰子孫題名王璠撰八分書永泰元年京兆

太子詹事嚴浚碑席豫撰書題碑文剥落惟首大字十二完好筆法奇偉大歷二年立洛

承天皇帝墓文常衮撰大歷二年京兆

刑部尚書魏少游碑撰并行書大歷三年三月立洛

吏部侍郎王延昌碑邵説撰八分書大歷三年立京兆

大證禪師曇真碑王璠撰大歷四年三月立洛

贈太尉魏國文憲公杜鴻漸墓誌 楊炎撰 大歷五年

修建功德銘 韓章撰 邱悌篆額 大歷六年五 湖

廣德禪師碑 大歷七年七月 洛

令狐彰開河碑 元載撰 書幷篆額 大歷八年正月五 孟

天柱山司命真君廟碑 楊琳撰幷行書 八分書題額 大歷八年十二月 舒

董顯孝子碣 崔殷撰 大歷十二年二月五 婺

尊勝陀羅尼呪 大歷十三年 京兆

中書令張曲江碑 撰幷書 大歷中書撰 長慶三年刻 韶

頼國公史繼先墓誌 撰幷書 殷仲容書額 建中元年八月二十八日 京兆

明州刺史王密德政碑請立勑書 碑額真卿等書 建 勑書乃浩書

中二年十月刻明

三藏和尚不空碑嚴郢撰建中二年十一月立京兆

汾陽郡忠武王郭子儀墓誌盧杞撰建中二年京兆

題禹廟寶林二詩撰并書越汴

昇仙太子碑洛

花萼樓記京兆

注大乘起信論馬鳴菩薩造杜鴻漸注八分書京兆

法華寺詩李紳撰太和八年刻

祭酒史公碑賈曾撰李陽冰篆額昇

貝州刺史裴公碑洛

曹夫人碑 洛

天封聖德感應頌 洛

金剛經 洛

心經

觀音堂記 洛

白獻誠

至德觀主孟法師遺碑 開元九年京兆

王宣

工部侍郎趙公碑 童淵撰開元十年

上黨宫述聖頌 張詵撰開元十一年正月立潞

贈太尉裴行儉碑張說撰開元十八年立解

葉灌

明皇賜上黨故吏勑書張說撰太子亨題額天寶十一載十月潞

張敬元

修東門頌武平一撰書并篆額開元十一年立宣

黎燧

右驍衛大將軍房光義碑李卿撰開元十一年立京兆

邱君夫人虞氏石表梁肅撰貞元十年十月秀

屈突洽兗州參軍

孔子贊

孔子老子贊睿宗製

顏回賛 元宗製開元十一年五月刻兖

高恒慈

刺史靳恒遺愛頌 張九齡撰開元十一年立 襄

盧鴻

普寂禅師碑 撰并八分書開元十二年正月

龍華殿心経 八分書并篆額李叅元題記附 洛

大辯禅師碑 八分書 洛

田昌

神泉寺石經西塔銘 唐昭明撰開元十二年正月 口

劉懷信

温國寺靜叅法師塔銘呂向撰開元十二年八月□

張抗

真定令柳令譽紀德碑撰并書開元十三年立真定

大忍寺門樓碑沙門某撰八分書開元十八年立祁

大忍寺門樓碑楊邈撰開元二十一年立祁

陳思先

白鹿泉神君祠碑韋濟撰八分書開元二十四年三月立真定

實相寺釋迦像碑銘陳子傑撰開元十二年成都

康晉

瀘州刺史康元辯墓誌王羨門撰子書開元十二年京兆

雙思貞

立鄭司農碑史承節撰開元十三年正月立淄

田義晊秘書郎

左武衛大將軍乙速孤行儼碑劉憲撰八分書開元十三年二月立

京兆

薛元允碑李邕撰八分書開元十四年立絳

元昂或作韋昂

崇福寺懷素塔銘蘇味道撰開元十四年立京兆

王象

重修梁公堰碑趙居貞撰開元十五年二月立孟

彭果　泉靖

贈羽林大將軍泉君碑長子隱叙　蘇晉銘　仲子靖題額　開元十五年二月五洛　按仲子靖原本作仲孚靖今按上題有泉靖姓名則靖當即泉君之仲子孚字必傳寫之誤今改正

宋儋

嵩山會善寺道安禪師碑撰并行書　李鎬題額　開元十五年　洛

嵩山閑居寺珪禪師碑撰并書　開元二十三年四月　洛

李鎬

嵩山會善寺道安禪師碑見上注

魏栖梧著作郎

文蕩律師塔碑盧奐撰開元十三年十月立許

艾叙

明皇行次成皋詩開元十三年十月

削敬宗

本師釋迦如來功德銘周顯撰開元十三年立成都

草堂報顧碑宋儋撰成都

范希璧汾州靈石縣主簿內供奉

崇福觀索靖法師精行清德碑馬克麾撰行書開元十四年三月立

京兆

李慈

西岳大洞張尊師碑王延齡撰　開元十四年四月立　華

張嘉貞

北岳碑撰并書　開元十五年四月　真定

袁挺

寶相寺諸佛應化碑周顗撰　開元十五年八月十九日　成都

鄭勝

昌利觀述異頌武提撰　八分書　開元十五年十月建　懷安

元行沖

岷州刺史王君碑李邕撰　梁昇卿八分書　題額　開元十五年立　洛

贈夔州都督王方翼碑張説撰　陸堅八分書　篆額　開元十六年十月

京兆

王幼成

龍興寺頌崔顥撰開元十五年立巳

馬及

空慧寺講華嚴經碑撰并書開元十五年立成都

趙僎

欒城縣孫陽施石臺銘撰并行書開元丁卯歲立真定

馮靈仙

膠水令徐公德政碑王懷惠撰開元十六年正月萊

下博令許君德政頌王懷惠撰開元十六年正月立冀

李雍尹

梓州刺史張公石犀記 開元十六年九月十六日梓

馬極

秘書監王珣墓誌 韓休撰開元十六年京兆

韋季莊

養病莊記并勑 部潤之撰行書開元十七年七月成都

呂向 主客郎中右補闕集賢殿學士

紀聖碑 開元十七年刻晉

御製華岳碑述聖頌 達奚珣撰序撰頌并書開元中立華

龍興寺法現禪師碑 李適之撰天寶元年九月立蘄

長安令韋堅德政頌梁涉撰　行書　天寶元年　京兆

壽春太守盧公德政頌史惟則篆額　天寶二年建　壽

崔庭玉

左監門衛將軍趙元亨碑張說撰　開元十七年立　京兆

汝陽王長女墓誌翁寧王撰　行書　開元十九年六月　京兆

右監門衛上將軍黎景仁碑張九齡撰　開元二十一年立　京兆

宣義郎王巳墓誌張九齡撰　行書　開元二十一年　京兆

趙含

游擊將軍薛俟彥碑撰并書　開元十八年正月立　幽

房自謙

老子廟碑 子儒撰開元十八年三月

李巖

東夏師資正傳 僧慧超述開元十八年四月□

明乾節 潯陽縣學助教按原本誤作乾明節今據金石錄改正

佛馱禪師靈塔碑後序 李諟撰開元十八年五月江

韋悟微 孟府參軍

平南蠻碑 蕭晉用撰序蔡希周撰銘開元十八年五月刻成都

韋鑒

曇榮禪師碑 崔禹撰蘇峴銘八分書開元十八年八月□

李思詮

內侍省楊公碑呂向撰開元十八年京兆

張乾護

桂州都督李公碑李峴撰書并刻開元十八年洛

衛包集賢院學士補闕內供奉右

亳州刺史李行正碑崔國撰八分書開元十九年九月立洛

太子賓客寵承宗碑蘇頲撰梁昇卿八分書篆額開元二十八年八月京兆

長安令廳食堂記李朏撰羅希奭八分書篆額開元二十八年八月京兆

洪福寺彌勒石像碑韓滉撰并書題額天宝五年五耀

陽城郡太守趙公奭碑馮用之撰韓擇木八分書篆額天宝八載五月五

日建
灘

石門湯泉記 李幼卿撰 書并篆額 天宝八年立 京兆

御書華岳碑堂飾記 撰并正書 天宝九年正月立 華

靈臺觀三方功德頌 撰并書 天宝九年四月立 華

靈臺觀金籙齋頌 撰并書 字為古文 天宝九年四月 華

修金天王廟靈異述 撰并書 天宝九年四月立 華

岳廟古松詩 弟元志撰 古文篆 天宝九年立 華

盧規

立漢光武皇帝廟碑 李雲撰 行書 開元十九年十月立 趙

韋騰

華岳真君碑 陶翰撰開元十九年立 華

周嘉賓

奉勅置使者靈廟碑 李洪撰開元二十年正月二十五日立 廬

蕭誠 荆府兵曹參軍太子贊善大夫監察御史

南岳真君碑 趙順貞撰開元二十年十月立 潭

李適之德政碑 張昂撰開元二十九年十一月立 唐

淄州令裴大智碑 李邕撰開元二十九年十一月立 益

玉真公主受道祥應記 蔡瑋撰行書天宝二年 京兆

狄履温遺愛頌 周擇從撰天宝三載正月 襄

襄陽牧衛玠遺愛頌 李邕撰天宝中立 襄

襄陽牧獨孤册遺愛頌 李邕撰行書天宝中立襄

述聖頌碑陰題名 太原

東陽令戴叔倫去思頌 婺

呂獻臣

玄元皇帝廟額碑 敬抱真撰八分書開元二十年十月亳

老子聖母碑 李昇卿撰八分書開元二十二年九月亳

馬極

職方郎中韋知人碑 梁陟撰族子若訥篆額開元二十年京兆

資州刺史韋先碑 林良器撰族子八分書天宝三年七月

韋若訥

韋知人碑 注見上

裴耀卿宗族碑 崔述撰 八分書 天寶元年立 絳

賀遂回

源公石幢記 封利建撰 八分書 開元二十一年

盧光遠

太子司儀郎韋畯妻蕭氏墓誌 蕭華撰 正書 開元二十一年十二月立 京兆

史維則 太子左內率府録事參軍 集賢院待制 伊闕縣丞 集賢校理御書 殿中侍御史內供奉 集賢學士 太子洗馬翰林待制 都水使者集賢殿學士

京兆尹張公德政碑 孟巨朝撰 八分書 開元二十一年五 京兆

王同晊碑 孫逖撰八分書開元二十三年正月立洛

刺史楊暘遺愛頌并陰 王暐撰八分書開元二十三年立華

潞州屯留令邢義碑 八分書開元二十四年四月十五日建洛

大智禪師義福碑 嚴挺之撰八分書并篆額開元二十四年九月立京兆

萬回神迹記 徐彥伯撰八分書開元二十五年京兆

萬回神迹碑陰記 陽伯成撰并贊八分書并篆額開元二十五年仲夏十有五日京兆

扶風郡太君韋夫人碑 韓休撰八分書開元二十五年京兆

大智禪師碑陰記 陽伯成撰八分書開元二十九年五京兆

大照禪師普寂碑 盧僎撰八分書并篆額天寶九年二月立洛

立
漢舜陽侯祠堂碑 王利器撰 八分書 徐浩篆額 天寶二年一月立 許
慶唐觀金籙齋頌 崔明允撰 八分書 天寶二月立 潞
壽春太守盧公德政碑 呂向書 篆額 天宝二年建 壽
香谷渠記 八分書 天宝三年二月立 鳳翔
郇國公李君碑 李子適撰 篆書 天宝四年九月 洛
宋公神道碑 孫逖撰 八分書 天宝四年立 汝
賴陽觀碑 張槩撰 八分書 天宝五年七月立 許
洛州刺史徐嶠之碑 李邕撰 李子浩正書 篆額 天宝八載十月立 洛
雲麾將軍劉大雅碑 邊旻撰 八分書 天宝八年立 京兆
陳留尉劉飛造像記 八分書 字畫甚工 天宝九年十二月立 洛

功

新安郡太守張公碑 弟述撰 徐浩正書 篆額 天宝十年十一月

京兆尹王鉷墓誌 常衮撰 八分書 天宝十年京兆

春申君廟碑 趙貞君撰 八分書并篆 額 天宝十年立 蘇

能大師碑 宋鼎撰 八分書 天 宝十一年二月立 邢

襄陽令盧僎德政碑 閻寬撰 八分書 天宝中立 襄

宇文顥山陰述竇公衡記 書并篆額 天宝年立 越

靈寶縣令裴譢遺愛頌 賈庭序 王諲銘 八 公分書 天宝中立 陝

蘄州刺史杜敏生祠頌 張絜文 八分書 乾 公元二年五月立 蘄

李梁公遺愛頌 房琯撰 韓擇木八分書 篆 額 廣德二年五月立 鳳翔

凉國公紀公碑 元載撰 八分書并篆 額 廣德二年立 潞

光福寺楠木歌嚴武撰史俊書唯則題廣德二年巴

吏部侍郎鄭嬰齊碑張楚金撰八分書并篆額永泰元年十一月立潞

太子太傅庾光先碑徐浩撰永泰二年京兆

築城記部說撰八分書大歷二年二月隴

左僕射定襄郡王郭英乂碑元載撰八分書大歷三年正月立京兆

沛縣令于默成碑季子休烈撰序劉單銘八分書大歷三年正月耀

郭子儀夫人涼國李氏碑韓雲卿撰八分書字畫工妙大歷三年五月立京兆

贈司空李楷碑楊炎撰八分書并篆額大歷四年立耀京兆

贈太尉辛雲京碑元載撰八分書并篆額大歷四年京兆

梁州都督贈太尉裴冕墓誌 程浩撰并正書 篆額 大歷五年立 京兆

薦福寺臨壇大德戒律師碑 韓雲卿撰 韓擇木八分書 篆額 大歷六年立 京兆

贈兗州刺史孫廷玉碑 孫宿撰 張少悌行書 篆額 大歷七年 京兆

兵部郎中張君碑 郗昂撰銘 八分書 大歷十三年立 潞

太傅侍中王智興碑 裴度撰 柳公權書 篆額 開成元年十月立 潞

党撫

同州別駕崔禹詩 權倕撰 八分書 開元二十五年春 潞

高重明 參軍

王仙公廟記岑均撰開元二十五年汝

褚庭誨諫議大夫

華嚴元覽律師碑徐安貞撰開元二十五年八月立杭

牛仙客父祖贈官記彭果撰開元二十八年二月涇

康公夫人許氏墓誌王壽撰天宝五年五月二十五日立越

陳環集賢書手

西明寺上座智遠律師塔銘唆彥珍撰開元二十五年立京兆

韋崇訓

八馬坊碑郗昂撰開元二十五年立鳳翔

何榮光

日愛寺碑開元二十六年立　磁

大行禪師義方訓開元二十六年二月　磁

西明寺主惠景法師塔銘撰并行書　天宝元年　京兆

萬賓

岱岳天齋王靈應碑荀同光撰　開元二十二年立　兖

鄭璉

立五穀大夫碣開元二十三年六月立　鄧

李皐

謁郭巨祠堂記楊傑撰　八分書　開元二十三年七月立　王緒祭文附　鄆

廣通寺講堂記張台撰　西少逸書　篆額　大歷十二年五月　京兆

盧自勵

相州刺史侯莫陳涉墓誌鄭同昇撰　開元二十三年十一月九日

荀軻

立漢武神祠碣楊景撰　開元二十三年　秦

鄭虔

華山石闕題名開元二十三年　華

趙傑

權奉古謁廟記開元二十三年　潞

張成

御注道德經石臺開元二十四年正月立　成都

朱瑗

館陶令徐君遺愛碑 張孚受撰 八分書 開元二十四年十月 大名

李琚

左輔頓僚西岳廟中刻石記 權僅撰 八分書 開元二十四年十月 華

真定令杜望之遺愛頌 撰并書 開元二十五年 真定

立頴考叔廟碑 王利用撰序 劉彙銘 八分書 開元二十九年 汴

李林甫 兵部尚書 尚書同中書門下三品

贈太師裴光庭碑 張九齡撰 元宗書 題額 開元二十四年十一月立 解

馮約 進士

賢良陳良政墓誌 撰并正書 開元二十四年 京兆

杜昆吾

太僕少卿杜元道碑 韋述撰子書 裴耀卿題諱 殷承業書額 開元二十四年 京兆

邠州刺史韋鈞碑 韓休撰 八分書并篆額 開元二十六年 京兆

殷承業 裴耀卿

杜元道碑 注見上

睦州刺史王君碑 八分書 京兆

善財李碑 八分書 許

李德讓碑 篆書 華

令狐彰華山詩 八分書 華

王預

立漢光武即位壇碑 撰行書 開元二十二年四月 趙

鄭銈

老子廟碑 崔季友撰 開元二十二年四月

鄭萬鈞

代國長公主碑 墦撰并書 開元二十二年十二月立 華

崔汭

嘉州羅㠯令郭君碑 崔鎮撰 開元二十二年五 洛

王清

天章雲篆碑陰文 宋渾撰 開元二十二年 眉

史鍠 赤水軍兵曹

寧國寺碑 沙門崇福撰開元二十二年建絳

韓覃

罔極寺大行禪師元德幢銘 撰并行書開元二十六年二月磁

李隨 夔國公

贈開封公儀同三司許王素節碑 李邕撰孫書開元二十六年四月立京兆

陳載

三原令乙速狐令從清政頌 梁陟撰開元二十六年四月建耀

蘇靈芝

高陽實諦寺碑 行書 開元二十六年六月立 順安

鐵像頌 王瑞撰 行書 開元二十七年立 易

易州刺史田琬德政頌 徐安貞撰 開元二十八年十月立 易

夢真容勑 趙履信撰 行書并篆額 開元二十九年六月一日立 宋天聖六年重摹 廣

信

侯臺記 梁德裕撰 開元二十九年十月立 易

管卿

千秋觀碑并陰 李邕撰 行書 開元二十六年七月 成都

章仇公修玉局觀碑 夏侯鍔撰 行書 開元二十九年七月立 成都

王子言

任城縣橋亭記游上方撰八分書開元二十六年閏八月濟

戴崿

江州刺史戴希讓墓誌從子休旋撰次子八分書開元二十六年十一月立京兆

修文宣王廟記蕭定記八分書大曆二年七月袁

楊齊曾王府倉曹參軍集賢院待制

左散騎常侍楊瑒先廟碑李林甫撰銘梁陟撰序子八分書開元二十六年立京兆

吳永嗣

右武衛大將軍趙侍賓碑梁陟撰行書開元二十六年京兆

右驍衛大將軍范及碑韋述撰　開元二十八年　京兆

孫庭諷

荆州都督府長史孫公碑張嘉貞撰子書　開元二十六年　洛

郭璀

李適之碑陰記呂巖説撰　開元二十七年六月立　唐

劉景廉

御注孝經双石幢記楊諫撰　八分書　開元二十七年九月　莫

崔宗之

太原令王冰墓誌撰并書　開元二十七年十月　京兆

郝邕

文宣王廟碑張之宏撰開元二十七年兗

盧全嗣

房州刺史盧君碑弟撰并書開元二十七年立洛

胡英

嵩岳寺碑李邕撰集王羲之書開元二十七年立洛

田琦

述利勒手詔碑王端撰八分書并題額開元二十七年立冀

立魏文侯廟碑楊仲昌撰八分書開元中立汾

雲門寺畫華嚴經變贊馬鴻翥篆越八分書

崔黄中

常

屯留令薛僅善政碑 徐季鴻撰開元二十七年立潞

觀風驛新井記 撰并篆額元和七年十二月二十三日江陵

張休 吏部常選

李涓德政碑 缺靈撰開元二十七年陝

譚藩 陳公肅

文宣王冊文 正書篆額開元二十七年立鳳翔

皇甫彬

贈幽州刺史元懷景碑 撰并書開元二十八年二月京兆

胡秀

內常侍趙泰宗碑 男尚客書八分書開元二十八年二月

鄠縣

楊仲昌碑 席豫撰篆書開元二十八年五陝

高力士 驃騎大將軍

右威衛將軍高廣濟碑 〔梁陟撰序 撰銘并行書 開元二十八年 京兆〕

開業寺主崇絢法師碑 裴休撰 沙門智巖書題額 乾元二年五 京兆

羅希奭

長安令廳食堂記 李朏撰 八分書 衛包篆額 開元二十八年 京兆

吳郁 雍縣尉

夢真容勅 開元二十九年六月五 亳

玉真公主修功德頌 李成裕撰 行書 天寶二年七月 京兆

左一作右

開元寺臥禪師碑 張曷撰 天寶九年十二月立 河

漁陽鮮于氏卓絶碑頌 左四琳撰 大歷五年七月十五日 閬

劉安

瀛州刺史王公碑 吳鞏撰 開元二十九年立 洛

裴炫

崇福觀主魏隱碑 宋遥撰 八分書 開元二十九年 京兆

張旭一寺功德頌 撰并八分書 天寶六年十月 京兆

張旭

尚書省廳石記 陳九言撰序 楷字精勁嚴整 開元二十九年 京兆

千文六百九十五字存者六百七十三複重者五匕

鄠縣

楊仲昌碑 席豫撰 篆書 開元二十八年五 陝

高力士 驃騎大將軍

右威衛將軍高廣濟碑 梁陟撰序 撰銘并行書 開元二十八年 京兆

開業寺主崇絢法師碑 裴休撰 沙門智巖書 題額 乾元二年五 京兆

羅希奭

長安令廳食堂記 李朏撰 八分書 衛包篆額 開元二十八年 京兆

吳郁 雍縣尉

夢真容勅 開元二十九年 六月五 亳

玉真公主修功德頌 李成裕撰 行書 天寶 公寶二年七月 京兆

左一作右

太

開元寺臥禪師碑張昺撰天寶九年十二月立河

漁陽鮮于氏卓絕碑頌左四琳撰大歷五年七月十五日間

劉安

瀛州刺史王公碑吳鞏撰開元二十九年立洛

裴炫

崇福觀主魏隱碑宋遥撰八分書開元二十九年京兆

張旭

張旭一寺功德頌撰并八分書天寶六年十月京兆

尚書省廳石記陳九言撰序楷字精勁嚴整開元二十九年京兆

千文六百九十五字存者六百七十三複重者五匕

者二十二乾元二年二月八日　京兆

輔崇儀

元宗真容應見注開元二十九年六月一日立　八分書　台

李旻

左賢王阿史那毗伽持勤碑賀蘭進明撰　開元二十九年　京兆

陸去泰

贈司農卿李元紘碑韓休撰　八分書　開元中立　京兆

高謙

嘉州刺史高君墓誌員半千撰　子書開元中刻　京兆

于經野

延安縣主幽堂碑 王光庭撰 開元中立

王勃

諫議大夫李公妻焦夫人墓誌 撰并書 開元中立 京兆

劉晃

尚書左僕射劉仁軌碑 孫晃序并書 昂撰銘 開元中立 京兆

楚順

禹廟頌 吕延祚撰 八分書 開元中刻 河中

劉飛

令長新誡 開元中刻 鄧

寶刻類編卷第三終

八月初九日午刻校

寶刻類編卷四

宋無名氏撰

名臣十三之四　唐

張沔

聰明山銘　洪經綸撰　八分書　建中元年六月立　洛

史有盈

監軍使贈開府第五昱碑　于部撰　行書　建中九年　耀

張璪　祠部員外郎侍御史

復縣記　于部撰　八分書并篆額　建中二年立　京兆

渭北節度臧希讓碑　文載撰　八分書　京兆

王膺
貞順皇后武氏碑陰記從子武就撰行書　建中二年　京兆
皇甫閱
贈左僕射裴儆碑從姪次元撰　正書并篆額　建中二年　京兆
王璿
張茂昭功德碑撰并行書　建中三年
鄧晏
江西節度出師記戴叔倫撰　建中四年三月十四日立　蘄
趙韜
李叔明紀功頌李禎撰　行書　建中四年十月三日建　閬

劍州東川節度李叔明冠冕頌 盧東美撰行書興元元年立閬

李季真刺史

石門山記 撰并篆書建中四年十一月立處

獨孤弼

贈左散騎常侍路太一碑 撰并書建中四年京兆

李巽

避宋泚涉鎮石壁題名 建中四年京兆

張珍

龍首寺會覺法師塔碑 韓休撰劉朝正書題額建中四年京兆

崔元立

嚴陵釣臺記崔儒撰八分書并篆額興元元年四月建嚴

袁中孚蘇州常熟縣令

咸宜公主碑武元衡撰李陽冰篆額興元元年立京兆

李秋實

東陽令戴叔倫去思頌陸長源撰八分書興元二年五月二十八日婺

張調萬

菩薩堂碑撰并書貞元元年七月二十四日立成都

李倹

巴西曹女官旌表碣元友直撰八分書篆額貞元元年綿

立漢高祖皇帝廟碑元友直撰貞元八年立綿

立漢留侯廟碑 元友直撰 貞元九年立 綿

張洸

李叔明劍門題 貞元二年三月十三日 劍

胡證 進士 河中節度判官掌書記 魏博節度副使 諫議大夫 右金吾衛大將軍 戶部尚書

摟書畫譜作胡証

韋輿遺愛頌 鄭士林撰 八分書 貞元二年八月刻 陝

忠武汾陽王將佐畧 陳翃撰序 八分書 貞元十二年六月 河中

政刑碑陰表 貞元十四年十二月建 河中

王粲石欄又記 上元二年來瑱作記 貞元十七年于頔又作記 證又分書 後又題記 屈賁書 貞元十七年六月立 襄

左僕射裴倩碑權德輿撰張宏靖正書篆額元和四年京兆

同州刺史顔防墓誌撰并書元和四年京兆

冠軍將軍烏承玼碑許孟容撰八分書并篆額元和七年正月立華

尚書省石幢記撰并八分書元和八年二月京兆

魏博節度田弘正家廟碑韓愈撰八分書并篆額元和八年十一月立京兆

狄梁公祠堂碑馮宿撰書并篆額元和中立大名

少府監胡珦碑韓愈撰八分書并篆額長慶三年四月立華

崔能神道碑李宗閔撰弟從書篆額長慶三年立洛

大覺禪師塔銘李渤撰柳公權正書篆額長慶四年六月立贛

張諠 右威衛倉曹參軍

汾陽王廟碑 高參撰 貞元二年九月立 邠

樗里子墓碣 獨孤實撰 行書 貞元三年立 京兆

姜嫄公劉廟碑 高郢撰 行書 貞元九年四月立 邠

鄭雲逵

贈司空尚可孤碑 撰并行書 貞元二年 京兆

澄城令鄭君德政碑 陳京撰 行書 貞元十四年正月 京兆

歙州刺史贈太僕少卿李公碑 撰并行書 袁滋篆額 貞元二年立

鳳翔

倪子華

泉

老子廟題名 年貞元二 亳

李伀

李晟爲國修寺碑 長孫補撰 僧潛璞書 鳳翔 額 貞元二年立 題

韋薦

韋公鐫信安郡王登石橋詩記 詩嗣江王禕撰 記嚴綬撰 書并篆額

貞元三年 正月建 衢

竇泉

華陽山洞景昭大法師韋公碑 陸源撰 書并篆額 貞元三年正月上元

造 昇

高述

唐書作趙憬
第七頁亦作憬
此當改正
昌啟唐書作
昌齊韓集同

均法師碑 沙門惟心撰 貞元三年五月

歸登 左散騎常侍兵部侍郎起居舍人

張延賞碑 趙贊撰 八分書 貞元三年七月立 洛

太子賓客韋光裔碑 馮抗撰 書并篆額 貞元十一年 京兆

相國趙憬碑 權德輿撰 八分書 李騰篆額 貞元十三年五月立 洛

樂善寺處道和尚塔銘 撰并行書 篆額 元和八年 京兆

統軍劉昌啟碑 韓愈撰 八分書 元和八年 洛

大覺禪師國一碑 崔元翰撰 行書并題額 元和十年四月十五日建 杭

少保趙昌碑 許孟容撰 八分書并額 元和十年 洛

于頔先廟碑 權德輿撰 八分書并篆額 元和十一年 京兆

大聖真身舍利塔銘張仲素撰沈傳師書篆額元和十四年二月立

鳳翔

莊嚴寺大慧禪師塔銘撰并書元和十四年京兆

刑部侍郎歸融碑男撰并行書元和中立京兆

張弘靖碑八分書洛

侍中右僕射司空文獻公裴耀卿碑絳

贈秘書監碩望碑八分書洛

王光

仙都山銘李敬仲撰行書并篆額貞元三年十月甲申樹處

鄭絪吏部尚書

尚書右丞王維碑 庾承宣撰 貞元三年 京兆

太常卿贈吏部尚書崔忠公碑 梁肅撰 李約篆額 貞元十九年 洛

河中監軍內常侍楊明義先廟碑 韋宗卿撰 行書 元和六年

京兆

章敬寺百嚴大師靈塔碑 令狐楚撰 太和三年立 河中

党復

豫州刺史狄梁公碑 元通撰 貞元三年重立 秦

顏防

河中尹渾瑊賀表 書并德中批答 貞元四年 京兆

鸛鵲樓記 陳翃撰 貞元九年二月立 河中

常州刺史顏防夫人齊氏墓誌撰并書　元和元年　京兆

李宗幹

贈揚州都督李國臣碑張蹴撰　男書　貞元四年　京兆

羅讓

襄州新學記盧群撰　貞元五年六月立　襄

修劉景升廟記盧羣撰　貞元中立

華岳廟題名太和二年　太中二年　華

薛宥

戲馬臺銘劉復撰　貞元五年七月　徐

徐璹揚府倉曹參軍　滁州長史

滑州新井銘賈耽撰正書李騰篆額貞元五年九月滑

説文字源賈耽撰序琦書李陽冰重修説文字源從子騰篆額以貞元五年十月立

滑

茶山詩并詩述袁高撰貞元七年立湖

詩述碑陰記李吉甫撰貞元十年正月立湖

李騰

新井銘説文字源並見上注

相國趙憬碑權德輿撰歸登八分書篆額貞元十三年五月立洛

李桑

節度李元諒懋功昭德頌張濛撰韓秀弼八分書篆額貞元五年十月

華

會稽郡王康日知墓誌李行撰貞元五年十二月京兆

陰冬曦通王府諮議

金輪寺碑程獻事撰貞元五年耀

潁州別駕王初墓誌馬幼昌撰貞元八年立京兆按馬幼昌集古録作馬紹

昌

韓秀榮

工部尚書辛杲碑李諫撰八分書貞元六年七月京兆

鄭叔清碑于翰撰八分書貞元九年七月

長安尉王之咸碑于邵撰八分書貞元十年正月洛

右丞暢悦碑八分書

揚州都督薛公碑八分書洛

竇常

花林寺宴别記撰并書貞元七年八月五日滁

徐峴浩之子洹水縣令

安國大德律師塔銘撰并書貞元七年十月

辨正禪師塔銘鄭叔規撰　書并篆額貞元十五年立洛

彭王傅徐浩碑張武撰次子　正書并篆額　表姪張平叔題識　貞元十五年十一月立洛

昭儀節度王虔休碑貞元十六年四月立洛

靈珍禪師塔銘撰并書元和八年八月 洛

于尹躬大理評事

內常侍孫常楷碑于邵撰貞元七年立 京兆

褚長文

東山懷一律師碑皇甫政撰正書 邱悌篆額貞元八年四月十五日立 福

崔羣

鴈塔題名二貞元八年十二月二十三日題 一 元和二年六月十四日題 京兆

李翼 李良鈞

相州刺史李孟犨碑子軫撰 孫良鈞八分書 子翼篆額 貞元八年立 京兆

徐項京兆府法曹參軍

登封修縣記劉深撰貞元八年立洛

修昆明池堰記韓臯撰貞元十四年刻京兆

于鄖太子賓客

北平郡王馬燧新廟碑李鄘撰貞元八年立京兆

高士讚長江令

金剛經貞元八年遂寧

于頔蘇州刺史

爰同寺西院大律師碑劉太真撰貞元八年立洛

寶花寺碑鄒儒撰永貞二年正月立秀

羊士諤

徑山大覺禪師國一影堂記崔元翰撰貞元九年二月八日立杭

嘉祥寺大覺禪師影堂記崔元翰撰貞元九年越

游西龕詩并寒食游眺詩元和六年題巳

毗沙門天王賛撰并書元和九年資

張文僖

太原少尹盧府君碑仲譽撰貞元九年立洛

韋允

贈左僕射韋安石碑賈至撰元孫書貞元九年京兆

班宏

元孫是孫允之誤按唐書安石子陟陟子允

昭儀節度李抱真德政碑董簡撰貞元九年立潞

韓秄材試太子正字

南鎮會稽山神永興公祠堂碣羊士諤撰韓芳明篆額貞元九年作

此銘越

禹穴碑鄭紡序元稹銘行書寶歷二年九月立越

清泉寺大藏經記撰并八分書劉蔚篆額太和二年九月立明

韓芳明

永興公祠堂碣注見上

新開隱山六洞記吳武陵撰八分書并篆額寶歷九年八月靜江

劉雲

濟遠寺功德碑 郭邕撰 行書 貞元十年二月

王偁

徑山大覺禪師碑 王穎撰 貞元十年十一月 杭

楊渭

京山縣西郭新橋記 劉丹述 貞元十年七月二十五日立 郢

李執鈞 李正鈞

太子賓客李巽碑 于邵撰 子執鈞書 子正鈞篆額 貞元十年五 京兆

戴少年

順宗賜圓寂禪師塔額 行書 貞元十年 京兆

贈左僕射劉公碑 呂温撰 行書 元和四年 京兆

普光寺碑吴通元撰 泗

元錫

立諸葛武侯新廟碑沈迥撰 貞元十一年

徐偃王廟碑韓愈撰 元和十年十二月立 衢

報恩寺慧嚴敏律師碑陳諫撰 杭

屆賁

菩薩戒石壇記沙門大觀述 貞元十一年二月

王粲石井欄記又題記貞元十七年六月 襄

陸郢

會善寺戒壇記陸長源撰 貞元十一年七月 洛

李師尚

烏龍山有道先生許公碑撰并書貞元十一年七月立嚴

薛廣德

西充縣仙林觀碑趙彥昭撰八分書并篆額貞元十一年八月二十三日刺史李堅追刻

張著

贈右衛大將軍韓朝彩碑撰并書貞元十一年京兆

姜氷

牛頭山七祖遍照禪師碑徐士龍撰貞元十一年京兆

韋武

永泉銘大歷間元結撰貞元十二年正月十六日武重修并書梧

李行言

東林寺律大德熙怡大師碑許堯佐撰八分書并篆額貞元十二年八月建大中八年再立江

顏顒

復舜廟頌韋稔撰正書并篆額貞元十二年閏八月立

禪定寺通公碑嚴綬撰永貞元年十一月二十五日建宣

瞿倗

朗州武陵令瞿令珪墓誌孤子述并八分書貞元十二年十月鄂

王參元 何元素

天師觀修功德記撰并書　元素篆額　貞元十二年立　成都

張仲嚴縣令

楚王堤記盧虔記　集王右軍行書　貞元十三年三月　江陵

盧文若

龍池寺觀魚記弟賞記　行書　貞元十三年四月七日立　永康

董挺

江陵府官石幢記吴仲書撰　張擇書　盧佐元題　衆官篆額　貞元十三年　江陵

盧佐元

石幢記注見上

贈太子太保顏杲卿碑 從弟真卿撰 暢書 舊
刻魯公書元和中重書

京兆

崔縱

鹽池靈慶公神祠碑 崔敖撰 貞元十
三年八月 解

王承規 金吾衛兵
曹參軍

僧道源發願文 王洽撰 集羲之書并篆
額 貞元十四年正月刻

仙都觀王陰二真君影堂記 李吉甫撰 行書 貞
元十四年正月立 忠

儲伯陽

徐挺古 陳州
參軍

重建龍興寺碑 房琯撰序 綦毋潛銘 八分書
沈寧篆額 貞元十四年十月十五

日重刻 立蘊

崇元聖祖院碑賈鍊撰 八分書 寶歷二年五 昇

茅山三像記八分書 寶歷 二年刻 昇

沈寧

龍興寺碑注見 上

任安

謁夫子廟詩貞元十四年十二月 二十四日題 兖

崔放

環和尚碑裴棠棣序 崔立之銘 貞元十四年五 京兆

崔溉

顧衛

少林寺厨庫記 顔少連撰　貞元十四年　洛

歐陽詹 國子四門助教

左驍尉將軍馬實墓誌 撰并書　貞元十四年五　京兆

王綸 左衛屯使

五蜀守李君誓水碑 弟行儉撰　貞元十四年五　彭

沈幼真 左金吾衛兵曹參軍

盧使君石溪堂十五詠序記 裴沆撰　行書貞元十四年　嘉

題巫山詩 蔡穆撰　行書　元和五年十一月　夔

神女廟詠 敬騫撰　元和五年十二月刻

石溪堂述記 盧士元撰　詩并記　行書　嘉

知不足齋叢書

徐鍌

贈常侍徐君妻魯郡太夫人高氏誌 從姪縱初撰 從姪鍌行書 貞元十四年立 京兆

韋皋

神會禪師碑銘 撰并行書 貞元十五年十月十九日建 成都

刑政箴 德宗製 貞元十五年立 成都

重修大聖慈寺金銅普賢菩薩像記 撰并行書 貞元十七年十一月立 成都

寶園寺法華壇傳授毗尼新疏記 撰并行書 貞元十八年立 成都

鸚鵡舍利塔記 撰并行書 貞元十九年八月立 成都

王元同

土洲耆老思舊記　段文昌撰　貞元十五年記　元和十五年十一月建　忠

楊同恕

左僕射李晉碑　李得撰　貞元十五年　京兆

韋肇

葛塡山碑　弟臯撰　貞元十五年　京兆

劉寬夫　起居郎

尚書省郎官題名石記二　一許孟容撰後序　寬夫隸書　一張九言撰　寬夫書　前貞元十五年　後太和四年　京兆

崔羣先廟碑　牛僧孺撰　隸書并篆額　太和二年八月五　京兆

周本作丕俟攷

盧士元

三茅君下泊宮記　黃洞元撰　貞元十五年昇

王伾　皇太子侍書殿中丞

宣武節度董晉碑　權德輿撰　貞元十五年五潞

鄭造

白楊新廟碑　令狐楚撰　貞元十六年七月

竇群

四皓舊隱圖畫文　韋渠牟撰　貞元十六年十月五同

宿惠山寺序并詩　王武陵序并詩　朱宿與摩和　貞元二年書　咸通十一年七月

刻常

方琬

化度寺三階院尊勝陀羅尼經石柱 撰贊序并書 貞元十六年 京兆

王勉

贈左散騎常侍王公碑 高郢撰 書并篆額 貞元十六年 京兆

張宏靖 河中節度使

贈太尉咸寧郡王渾瑊碑 權德輿撰 貞元十六年 京兆

左僕射裴倩碑 權德輿撰 胡証篆額 元和四年 京兆

魏博節度田緒遺愛碑 裴珀撰 元和六年二月立 政和中毀 大名

立衛伯玉遺愛頌 裔孫次公撰 元和六年立 解

澤字恐渾字之誤

贈太傅岐國公杜佑碑 李吉甫撰 袁滋篆額 元和十一年 京兆

兵部尚書東都留守顧少連碑 杜黃裳撰序 弟夏卿銘 洛

祭唐叔文

鄭士林 淮陰令

贈右僕射王譔光碑 權德輿撰 正書并篆額 貞元十七年八月立 洛

韋縱

刺史崔淙遺愛頌 楊憑撰 書并篆額 貞元十七年十月立 同

羅君立 元澄

衡山王寺碑 李巽撰 八分書 澄篆額 貞元十七年七月二十五日建 澤

柳公權 中書舍人翰林學士右補闕翰林侍書學士庫部郎中翰林學士承旨兵部郎中宏文館學士

大牧。

大收：疑大儋

諫議大夫 工部侍郎散騎常侍集賢殿學士 右補闕 太子賓客 太子少師 右師郎中 右散騎常侍 工部侍郎知制誥 柳書名重天下當時誌銘非其筆則人以子孫爲不孝

河東節度李說碑鄭儋撰 貞元十七年立 洛

贈越州都督符元亮碑不著書撰名氏其字畫公權書也 貞元中立

左常侍薛平碑孟簡撰并篆額 元和十五年閏正月立 河中

大覺禪師塔銘李渤撰 胡証篆額 長慶四年六月立 贛

二帖九十六字王廣淵撰 太和元年

涅槃和尚碑武翊黃撰 太和二年七月立 洪

西平郡王李晟碑裴度撰 奉勅書并篆額 太和三年四月立 京兆

丞相王播碑李宗閔撰 太和四年正月立 耀

太尉王播墓誌　牛僧孺撰　太和四年四月立　世稱柳書小字必曰王播墓誌　耀

將作監韋文恪墓誌　庾敬休撰　太和五年二月　京兆

太清宮鍾銘　馮宿撰　太和五年十二月刻　京兆

河中節度使薛平神道碑　李宗閔撰　太和六年立　京兆

昇元劉先生碑二　馮宿撰　唐元度篆額　太和七年四月立　東都　京兆

贈越州都督符璘碑　李宗閔撰　太和七年立　耀

太傅侍中王智興碑　裴度撰　字體甚小　史維則篆額　開成元年十一月立　洛

宣武軍節度使王公神道碑　裴休文　丁居晦篆額　開成元年　洛

陰符經序　鄭澣撰序　道士孫文杲刻　開成二年七月立　洛

脱注

疑脱司字
据周本補

檢校金部郎中贈太尉羅公碑　李絳撰　書并題額　開成二年　同上

柳尊師墓誌　撰并書　開成二年立　耀

檢校左僕射贈司空崔羣碑　裴度撰　開成三年正月　洛

贈太尉崔稹碑　李絳撰　開成三年正月　洛

淮南監軍韋元素碑　丁居晦撰　開成三年七月　京兆

淄王傅元錫碑　李宗閔撰　開成四年七月立　京兆

憲宗女莊淑大長公主碑　杜牧撰　開成四年　京兆

山南西道新修驛路記　劉禹錫撰　開成四年立　興元

贈兵部尚書李有裕碑　李景讓撰　開成四年立　京兆

魏博等州節度何進滔德政碑　撰并書　唐元度篆額　開成五年正月

立宋政和中磨去舊文別刊新製大名

贈禮部尚書羅讓碑王起撰開成五年二月立京兆洛

太子太保李聽碑李石撰開成五年二月立京兆

贈太師崔倰碑劉禹錫撰會昌元年五月洛

大達法師元秘塔銘裴休撰會昌元年十二月立京兆

西明寺宣律師碣嚴厚本撰會昌元年立京兆

昊天觀碑王起撰徐方平篆額會昌三年十月京兆

左神策紀聖德碑崔鉉撰徐方平篆額會昌三年立京兆

金剛經鄭虔題額會昌四年四月立京兆按鄭虔與公權不同時虔字疑有誤

或有兩鄭虔未可知也

檢校戶部尚書高重碑姪元裕撰字畫鋒力俱完會昌四年十月立或云

大中元年立　洛

武成郡王贈太傅李載義碑　裴璟撰　正書　篆額　會昌五年　京兆

商於驛路記　韋琮撰　李商隱篆額　大中元年正月立　商

贈太師王起神道碑　李回撰　書并篆額　大中元年四月立　耀

太倉箴　李商隱撰　細書　大中元年　京兆

贈太尉牛僧孺碑　李珏撰　大中二年十月立　京兆

贈司徒劉沔碑　弟博撰　大中二年十二月立　京兆

贈太尉牛僧孺墓碑　杜牧撰　大中四年　京兆

普光王寺碑　李邕撰　大中四年立　京兆　一在泗州

相國魏謩先廟碑　崔璵撰　書并篆額　大中六年十一月立　京兆

嶺南節度韋正貫碑蕭鄴撰大中六年立京兆

掖庭局令劉榮粲碑撰并書及篆額大中六年京兆

內常侍康約言碑撰并書大中七年二月立京兆

國清寺額及批荅大中七年八月八日台

吏部尚書高元裕碑蕭鄴撰大中七年十月立洛

起居郎劉君碑劉三復撰大中七年立文字磨滅徐

護國寺觀音院記段成式撰大中七年京兆

淮南節度崔從碑蔣伸撰大中八年洛

圭峯定慧禪師傳法碑裴休撰并書篆額大中九年正月立京兆一在成都咸通三年立

順宗女濮陽大長公主碑撰并正書大中九年京兆

復東林寺碑崔黯撰大中十一年四月立江

安國寺模西明寺金剛經大中十三年六月京兆

李石神道碑李德裕撰大中中立碑文殘缺孟

九峰鎮國禪院額咸通二年八月八日題福

襄州刺史薛絲°先廟碑鄭處晦撰咸通二年京兆

太子太保魏謩碑令狐綯撰咸通五年立鳳翔

平盧節度封敖殘碑京兆

李公夫人武功蘇氏墓誌從弟滌撰細書京兆

德宗女憲穆公主碑京兆

賜好畤鎮烏克讓詔

唐公碑 洛

心經

大中寺題 泉

砥柱銘 洛

重復大雲寺記 柳

靈巖寺空寂寺題 興化

華山燈記

尊勝陀羅尼呪

消灾經 越

清淨經 越

泥甚帖 越

沈迥

淨衆寺修律院記 許季同撰 行書 貞元十八年四月十九日立 成都

張濆

闞將軍祠堂記 董挺撰 貞元十八年五月立 荊門

朱獻任

焦⿰米光碑 從弟郁撰 行書 貞元十八年七月 京兆

辛秘

贈太保裴郜墓誌 貞元十八年 京兆

璠

南卓

贈工部尚書李彙誌沈亞之撰貞元十八年立耀

石幢記張周封郭圓撰成都

楊膺

醴泉縣銘撰并正書貞元十九年二月十五日立京兆

徐璯

刺史羅珦德政碑楊憑撰正書并篆額貞元十九年四月六日建

荀顗

晉州長史楊瑗墓誌孫紹撰貞元十九年八月京兆

張綽

敬

凌雲寺大彌勒石像記韋皐撰　行書　貞元十九年十一月立　嘉

萬菩薩堂續修滿功德記鄭宗經撰　行書　元和二年立　成都

新修白馬神祠記皮遐叔撰　行書元和二年立　綿

寶歷寺碑韋皐撰　行書　元和三年四月八日　成都

聖佛碣張汾撰　元和三年立　成都

崔公餘

成德節度王武俊先廟碑鄭贄撰　行書　太子誦題額　貞元十九年

朱少般

義善寺法順和尚北塔記高郢撰　貞元十九年　成都

劉諫

贈左監門衛將軍劉思詮碑　盛公翰撰　貞元十九年　成都

李約

太常卿贈吏部尚書崔忠公碑　梁肅撰　鄭絪書篆額　貞元十九年

洛

鄭乃中

陽武縣令陶公復故縣記　唐衢撰　八分書　貞元十九年　汴

趙博元　告成縣尉

荆南節度裴胄碑　楊於陵撰　貞元十九年立　洛

韋囧

舉麽功述　王仲舒撰　貞元二十年八月　衛

石洪

揔悟上人鍾山林下集序并詩 洪撰序張諲盧建盧少連詩三首皆洪書 貞元二十年十二月立 昇

孫藏器

光宅寺惠日禪師塔銘 撰并正書 貞元二十年 京兆

知内侍省王隱朝碑 鄭德元撰 元和二年 京兆

涪陵郡王焦伯瑜碑 邢叔度撰 行書 元和十四年 京兆

梁肅 金州司田參軍直集賢院

聖德寺記 戴正倫撰 貞元二十年立 鳳翔

高從彦

重修李造遺愛碑 高從規撰 正書 貞元二十一年立 孟

房次卿 李惟益

名伯祠堂記 崔敖撰 次卿書 惟益篆額 貞元年立 陝

崔元畧 義成軍節度使

左龍武軍大將軍侯仲莊碑 杜黃裳撰 貞元中立 京兆

寶刻類編卷第四終

乾隆四十八年癸卯八月初九日未刻校畢 知不足齋

稹

寶刻類編卷五

宋　無名氏撰

名臣十三之五　唐

顏頵　真卿姪台州刺史

晉祠新松記　令狐楚撰　元和元年三月立　太原

虢州刺史嚴公碑　嚴綬撰　元和九年立　洛

修桐柏宮碑　元稹撰并書　篆額　太和四年四月立　台

天台禪林寺智者大師畫像贊　顏真卿撰　姪顥正書　男汝玉篆額

太和四年冬季月建　台

賀蘭皎

鴈塔題名 元和元年六月十八日 京兆

東山爱同兩寺義食堂畫壁記 馮審撰書并篆額 元和四年五月 福

李紳

瑞州司馬華岳廟題名 元和元年

石室題名 長慶四年 瑞

少林寺詩 撰并書 開成元年七月 洛

李銑

安邑縣新亭記 師老撰 元和元年閏六月 解

裴濟 給事中兵部尚書

歙州刺史盧瑗碑 裴度撰 元和元年 洛

贈疑增字之誤
子是孫字之誤
子蟠撰下周本有濟書二字何氏元本之例宜從此也
本卷九頁亦作子蟠似不誤疑播是潮子也

贈吏部尚書李公碑 張参撰 元和二年 洛

薛華贈修家廟碑 馮宿撰 大和三年立 陝

濟祠亭記并詩 記李潮撰 詩子蟠撰 鄭冠篆額 元和元年 孟

左常侍李衆碑 李絳撰 元和十三年十二月 洛

太子賓客呂元膺碑 李絳撰 元和十五年七月立 洛

寧武節度使贈司徒韓光碑 李宗閔撰 長慶三年立 洛

溵州刺史高承簡德政碑 王起撰 長慶中立 蔡

裴無侮碑 曾孫撰并書 洛

趙公拜墓記 崔損撰 洛

諫議大夫溫府君碑 牛僧孺撰 洛

韓暖

東渭橋河蓮院記 席夔撰 八分書 元和二年五月 京兆

劉禹錫 禮部郎中集賢院學士秘書監

楊岐山乘廣禪師碑 撰并書 劉申錫篆額 元和二年五月立

修陽山神祠碑 董挺撰 劉申錫篆額 元和四年十月立 鼎

令狐楚先廟碑 撰并書 三年立 京兆 大和

贈太子少保何文悊碑 王源中撰 陳修古篆額 大和四年八月立 京兆

游元都觀詩 撰并書 和十年 京兆 大

宣歙觀察使王質碑 撰并書 鄭撰篆額 開成四年十一月立 洛

照公塔銘 白居易撰 開成五年立 洛

邠州節度使贈右僕射史公碑撰并書開成五年立洛

檢校左僕射崔群碑裴休文丁居晦篆額洛

崔縉

武寧軍大將新廳記張仲素撰元和二年七月徐

馬禎

復禹廟冠冕記崔及撰元和二年十月立越

竇鞏

心經元和二年十一月青

幡竿頌長慶四年十月青

胡師模

南樓詩陳右撰八分書元和二年十二月五明

王立伯

觀音寺碑李贊撰元和二年五右名

胡季良

紀功名并將士題名時左元撰八分書元和二年湖

國子司業辛璿碑姪宗撰篆額元和四年五月

永興寺僧伽和尚碑裴昈撰費濤行書篆額元和九年十月二日湖

大覺禪師碑崔元翰撰八分書并篆額寶歷二年十一月五杭

安公令嬪吴夫人墓誌述并書太和九年五月湖

尊勝經寶勝幢賛篆并書湖

虞城令長新誠 脱有注
元宗撰 篆書并題額
元和三年立 同上

劉申錫

秉廣禪師碑

陽山神祠碑 二碑見前劉禹錫内注

瞿參 荆南節度營田判官

二聖金剛神碑 撰并書及篆額 元和三年正月立 江陵

王適 虞城令錢塘令

立漢高祖廟頌 晉繼機撰 篆書 元和三年七月 應天

虞城令長李錫去思頌 李白撰 天寶十年立 元和四年重篆 應天

胥山銘 盧元輔撰 元和十年十一月立 杭

東林寺慧遠法師影堂碑 李潢述 僧惟嵩書 大中八篆額 貞元中建

年七月再立立江

竇公直

左拾遺竇叔向碑羊士諤撰元和三年十月洛

陳商

華岳廟題名元和三年華

段文昌

石泉縣元山觀碑銘陰文昌等題名者七人元和三年金

古栢文撰并書及題額長慶二年六月立成都

題名大和七年題成都

蔡照殿中侍御史

宣州刺史崔衍碑從孫樞撰元和三年五

邢義

内侍張尚進碑薛劍撰書并篆額行

周仲諲

寶刹寺佛頂尊陀羅經石柱元長楚之撰贊序元和三年成都

慈恩寺梵夾經記武庭秀撰元和八年成都

柳宗元永州司馬

般舟和尚碑撰并書及篆額元和三年五潭

彌陀和尚碑撰并書元和五年七月内潭

劉苑

公与樊宗師盧仝同游乃國子博士非都官員外郎也

新開常熟塘記 劉允文撰元和四年二月立蘇

李汭

高涼泉記 撰并書元和四年閏三月十二日記綿

韓愈 都官員外郎

題名 與樊宗師遊嵩山題名元和四年閏三月洛

惠林寺題名 元和四年閏三月洛

題名 元和四年題孟

錢可復

瑯琊題名 元和四年四月滁

盧自烈

諫院石柱記劉公輿撰　八分書　元和四年十月　徐

王仲舒

福先寺題名石洪撰　元和四年　洛

鄭餘慶檢校兵部尚書判東都尚書省太子少保尚書右僕射

左僕射魏國元靖公賈耽墓誌權德輿撰　元和四年　京兆

贈吏部尚書武就碑權德輿撰　元和五年二月　洛

贈太尉魏國元靖公賈耽碑撰并書　元和五年　京兆

秘書監盧虔神道碑歸登撰　元和五年　河中

左散騎常侍路應碑韓愈撰　元和七年十月　京兆

新修尚書省記許孟容撰序　袁滋篆額　元和八年正月　京兆

樊成公遺愛頌李絳撰袁滋篆額元和八年十二月立□

太子賓客禮孔述睿碑鄭絪撰元和十一年六月立□

章敬寺百岩大師碑權德輿撰元和十三年京兆

著作郎權公碑趙贊撰序鄭絪撰銘元和十四年立洛

太子中允范陽盧府君碑于邵撰洛

韋涇

常州司倉陳元志妻張淑墓誌撰并正書元和四年京兆

柳公綽公權兄

立諸葛武侯祠堂記裴度撰元和四年成都

紫陽先生碑李白撰寶歷二年三月隨

紫陽先生碑陰李繁撰寶歷二年三月其前九十一大字公綽自敘書碑事也隨

唐衢

京河水門記韋處厚撰八分書元和五年正月立鄭

李元素二州慰思述庚承宣撰八分書并篆額元和中立滑

齋推

圯上圖贊李德裕撰元和五年三月淮陽

柏元封

明皇送李邕赴滑州詩行書元和五年十月滑

徐攻昭義軍節度判官

贈秘書監虞俊神道碑從孫頊撰元和五年立河中

范希朝河東節度使

謁北岳記元和五年真定

徐放

天台佛隴禪師林寺碑陳讓撰元和六年五月五台

智者大師修禪道場碑梁肅撰陳修古篆額元和六年五台

陳修古

修禪道場碑注見上

贈太子少保何文悊碑王源中撰劉禹錫書篆額太和四年八月五京兆

法華寺碑鄭路撰書并篆額會昌二年正月婺

鄭權兵部郎中

房琯碑陰記石洪撰元和六年孟

皇甫鏄權知吏部郎中

昭懿公主碑孟簡撰元和六年五京兆

曹昉

青龍寺佛頂尊勝真言碑元和六年

易少逸京兆昭應主簿

旌儒碑陰記杜祐撰元和六年刻京兆

黎㷗夏縣令　李靈省夏縣尉

陽公舊隱碑胡廷撰㷗書靈省篆額元和六年五陝

令狐楚

脫十五行

李元諒唐書有傳

贈司空令狐承簡碑子楚撰并書　元和七年　京兆

四皓新廟記蕭花業曾建以李華四皓廟贊代銘行儉正書　元和八年李栖筠刻　商

柳汶

新修橋驛記弟行儉撰　元和八年五　商

吳同元

左僕射李元諒原縣紀述迹碑華良夫撰　行書　元和八年三月十五日　涇

劉幼復

東京福唐觀鄧大師碣李邕撰　元和九年二月二十七日建　建昌

王凝

接上贈司空令狐承簡碑

補五卷八頁內十三行

建後周逍遙公舊宅曬書臺銘 撰并書 元和四年十二年 同上

劉佐時

贈左監門衛將軍劉希杲碑 李益撰 從姪佐時行書 元和七年 同上

毛伯良

章敬寺碑 吳通微撰 元和七年 同上

吳暐

贈揚州大都督孫榮義碑 權德輿撰 元和七年 同上

吳丹

刺史廳堂記 撰并正書 元和八年二月 華

李正辭

刺史後廳記 撰并正書 元和

以下接四皓新廟記

新吳後閣記 八年三月　華

陸蔚之

東林寺律大德粲公碑 許堯佐撰 書并額 元和八年 石綴年建 大中八年七月再立 江

江西使院記 崔祐甫撰 長慶 三年五月立 洪

韋行儉

會善寺記撰并行書元和九年八月洛

無礙寺多寶塔碑裴度撰行書元和十二年二月立鄭

劉遵古

興州節度裴玢碑裴度撰行書元和九年十一月立京兆

費濤

永興寺僧伽和尚碑裴昉撰胡季良篆額行書元和九年十月二日立湖

蕭延慶　蕭祐章

寶園寺故臨壇大德智諧律師碑段文昌撰延慶書祐章篆額

元和九年成都

鄭冠

前云記李湖撰詩子蟠撰此處互易未知孰是

濟祠亭記并詩 詩李朝陽撰記子蟠撰裴潾書篆額元和九年孟

濟祠西海新亭記 侯雲章撰韋行質書篆額長慶二年五

王伯良

知內侍省贈開府劉貞亮碑 歸登撰元和九年京兆

屈師穆

紫玉山禪師碑 李承翟撰元和九年

三聖蘭若鏡燈記 楊知遠撰八分書并古文篆額大中五年七月建襄

戴昇

白帝城新修祠廟記 馮文約撰正書并篆額元和九年五夔

陳構

建南鎮碣記 孟簡撰 元和十年十月 越

范的

天童巖寺太白禪師塔銘 撰并書 元和乙未 明

天童巖寺碣 撰并書篆額 長慶三年仲春 明

阿育王寺常住田記 萬齋融撰 行書 太和七年十二月重立 元碑乃徐嶠之書 明

龍泉寺常住田碑 萬齋融撰 越

右軍祠 越

賁功德記

謝楚

庚肩吾孟簡經禹廟詩 行書 元和十一年八月 越

朱存諒　李師晦

三感記并碑陰三感吟　周愿撰　存諒書　師晦篆額　元和十一年刻　復

張九宗　刺史

雲靈山寺碑　撰并書　元和十二年二月八日立　遂寧

多寶寺鑄鐘記　敘兼行書　元和十三年七月二十七日立　遂寧

赤城山國清觀碑　撰并行書　長慶二年三月十五日立　遂寧

于方　秘書丞

贈司空于瓊碑　盧景亮撰　孫八分書　元和十二年六月立　京兆

劉伯芻

贈司空于瓊碑　張躬撰　八分書　元和十二年六月立　京兆

張肅

高崇文妻楚國夫人陳氏碑 段文昌撰段全緯篆額元和十二年京兆

段全緯

楚國夫人陳氏碑 注見上

大府寺丞李詠誌 令狐楚撰元和十二年十一月

景雲寺正宏和尚石塔碑 白居易撰李克蒙正書篆額元和十三年立

大中八年七月十五日重立 江○撫

正宏大師碣 鄭澥篆僧雲皐正書篆額太和六年六月五日立 撫

鄭叔瑜

贈左武衛上將軍彭獻忠碑 張仲素撰王遂篆額元和十二年京兆

王遜

彭猷忠碑注見上

立隋司徒陳公捨宅造寺銘沙門德宣撰天寶四年述元和十五年四月建常

王播

華岳廟題名華

高逢

知元法師石幢記龐嚴撰元和十二年

李球

圓震禪師碑白居易撰元和十二年書會昌三年鐫斲

武翊黄

百丈懷海禪師塔銘陳翊撰 元和十三年十月十三日立 洪

張誠碑白居易撰 姪孫礴篆額 長慶二年六月

義成節度曹公碑龐嚴撰 張礴題額 長慶四年立 洛

韋士衡

程尊師太虛解形碣崔韶撰 正書并篆額 元和十三年四月十八日建 果

張元佐

鴈塔題名元和十三年五月十二日題 京兆

李克恭

景雲寺正宏和尚石塔碑白居易撰 段全緯篆額 元和十三年立 撫

一碑大中八年七月十五日重立

李飛

進善權寺詩羊士諤撰元和十三年刻常

孟簡

贈揚州大都督蕭昕碑撰并書賀拔惎篆額元和十三年京兆

題名九疑山無為洞道

賀拔惎

蕭昕碑注見上

吳士良　吳仁傑

下山普廣寺養山記吳國忏撰士良行書仁傑篆額元和十四年三月二十

日建湖

吳宗冉

陽翟縣廳壁記吳國佐撰元和十四年五月許

柳泌台州刺史

玉清行述并書元和十四年九月十五日建台

題瓊臺詩正書磨崖台

崔恭

大德元浩和尚靈塔碑撰并正書元和十四年十一月五日立蘓

陸邳

平淮西碑段文昌撰八分書并篆額元和十四年十二月建蔡

邠國公梁守謙功德碑 楊承和撰并書 篆額 長慶二年 京兆

左武衛將軍劉德恵碑 嚴綬撰 劉繼元書 篆額 長慶二年 京兆

兵部郎中郭晤碑 長慶四年 京兆

段斯立 文昌子

段文昌妻武氏墓誌 文昌撰 男正書 元和十四年 京兆

杜師古 杜師仁

太子賓客杜信碑 信自撰 男師古書 姪師仁篆額 元和十四年 京兆

李泳 盧諠 按原本李泳作李球令考新唐書宰相世系表有李泳為百藥四世孫又金石畧載張仙師廟碑仙井監李泳書是當為泳無疑今改正

張天師靈廟碑 李正卿撰 泳正書 諠篆額 元和十五年二月七日立 隆

崔罕

鴈塔題名元和十五年六月六日題　京兆

陳諫循州刺史

南海廣利王神廟碑韓愈撰　書并篆額　元和十五年十月　廣

贈右僕射辛秘碑牛僧孺撰　元和中立　京兆

崔濤

東湖亭記韓衢撰　元和十五年立　洪

刺史王守真碑賀遂陟撰　洪

謁先師文長慶三年　兗

趙晏

修張許南三公廟記　弟藏孫撰　元和十五年立　應天

任畹

謁先師題名　長慶元年　兗

姚向　侍御史萬年縣令

韋審規壽題名　長慶元年　成都

資福院碑　李德裕撰　長慶二年立　成都

段文昌壽唱和詩　長慶二年　成都

嶺南節度鄭權碑　庾承宣撰　寶歷二年立　孟

張磻

張誠碑　白居易撰　武翊黃正書　姪孫篆額　長慶二年六月

義成節度曹公碑龐嚴撰武翊黃正書題額長慶四年立洛

管贍

再修龍池寺記沈宣力撰行書并篆額長慶二祀七月永康

韋行質濟源令

濟祠西海新亭記雲章撰鄭冠篆額長慶二年五孟

孔子廟碑王勃撰大中二年二月立彭

楊正

賜太保李良臣碑李宗閔撰長慶二年立

吳慶復

菩提寺碑段文昌撰長慶二年立成都

楊承和

邠國公梁守謙功德碑撰并書 陸郅篆額 長慶二年 京兆

劉繼元

左武衛將軍劉德惠碑嚴綬撰 陸郅篆額 長慶二年 京兆

韓泉

移州城記韓杍材撰 正書并篆額 長慶二年立 湖

牛僧孺

僧孺戶部侍郎 戴祁鄆州錄事參軍

谿堂詩序韓愈撰 僧孺書 祁篆額 長慶二年立 鄆

崔宏慶

鵶湖大義師碑韋處原撰 長慶三年七月十一日立 信

蕭祐太常少卿

左僕射郭公碑李宗閔撰長慶三年八月

普寧郡王陳府君碑牛僧孺撰大和五年五洛

東方洋

佛頂尊勝陀羅經幢記撰并書長慶二年成都

張仲方曹州刺史

張九皋碑蕭昕撰孫書長慶三年五韶

李寰晉慈觀察使

紀聖碑陰題名長慶三年晉

崔從檢校吏部尚書判東都尚書省

崔能神道碑 李宗閔撰 弟從書 胡証篆額 長慶三年 洛

脱

于敖給事中

山南節度韋綬碑牛僧孺撰長慶三年立京兆

齊抗司門員外郎

贈工部尚書薛順先碑長慶三年立河中

崔元亮刑部尚書

游山題記長慶三年題昇

温造朗州刺史

桃源宮題名長慶三年題昇

韓齊申

大海寺玉像碑張仲方撰八分書并篆額長慶四年正月立鄭

王元獬

相里友諒墓誌 長慶四年十二月

李系

開元寺新修法華院記 張君撰 長慶四年建 大名

吕價 鄉貢進士

魏博節度田布碑 使承宣撰 長慶四年五 京兆

羅洧

修浯溪記 韋詞撰 寶歷元年五月 永

何歸儒

白郎巖記 王鈌撰 八分書并篆額 寶歷元年閏七月八日五 台

長生田記顔顒撰書并篆額　台

隱山六洞記韋宗卿撰寶歷元年

李方古

竇含章

復縣記碑徐元弼撰　寶歷元年　京兆

來復

鹿泉胡神祠文撰并書　寶歷二年四月五　真定

楊漢公起居舍人刺史

鴈塔題名寶歷二年五月二十日獨登　京兆

重模干禄字書開成四年以舊本重模刻石　湖

浯溪題名會昌五年十一月二日永

顧渚山題名湖

崔弁

新修龍興寺碑李輈撰張肱篆額寶歷二年立大名

開元寺碑李輈撰大和元年立大名

開元寺修功德記李輈撰張肱篆額大和丁未歲立大名

張肱

修龍興寺碑

修功德記二碑注並見上

八戒和尚謝復三學山寺長李商隱撰咸通十四年懷安

衢字衍

題名 開成元年八分書 滁
平泉山居詩 撰并書 開成五年 洛
平泉草木記 撰并八分書 開成五年 同上

李戒戎 周大元

高陵縣令劉仁師頌德碑 劉禹錫撰戒戎書大元篆額寶歷中刻 京兆

賀拔惎

蔣防題合江亭詩 太和元年六月上旬 潭衢

修香山寺詩三十韻 白居易撰 洛

李德裕

冲虛真人廟記 劉三復撰八分書 太和元年十二月 汴

節堂記 劉三復撰 太和四年五月 滑

秋日登樓望贊皇山詩 撰并八分書 太和四年八月 滑

列子觀題名 與王起題名 汴

鄭澣河南尹

翰林學士院新樓記韋表微撰正書唐元度篆額太和元年十二月京兆

高瑀神道碑裴度撰太和八年立孟

唐元度翰林待詔梁王府司馬沔王友

新樓記注見上

楊承和塔陰文承和撰篆書太和三年十月立京兆

左威衛將軍李葳用碑王源中撰唐元度集王羲之書篆額太和四年立京兆

贈左威大將軍駱奉先碑朱景元撰八分書并篆額太和五年京兆

集金剛經唐元度書篆額太和六年立京兆

昇元劉先生碑二馮宿撰柳公權書題額太和七年四月京兆東都

開府儀同三司崔守誠碑許康佐撰八分書并篆額太和九年京兆

崔談峻壽堂碑許康佐撰唐元序行書篆額太和中立京兆

樞密使王踐言墓誌劉軻撰鄭從周書篆額開成元年立京兆

石本九經開成二年立京兆

何進滔德政碑柳公權撰并書篆額開成五年正月立大名

十體書古文大篆小篆八分飛白倒薤散隸懸針鳥書垂露十體并叙其取起刻石有二一在故相宗家一在太常少卿李丕緒家同出一本而傳摹小異洛按原本十體內脫小篆今增入

李隨

揔持寺大果禪師藏山和尚塔于敖撰太和元年京兆

侯丕

贈開府儀同三司王宏規碑李德裕撰　太和元年　京兆

義成軍節度李聽德政碑宋申錫撰　太和三年八月建　滑

竇易直山南道節度使

司馬烏重允碑裴度撰　太和二年四月立　華

左拾遺竇叔向碑羊士諤撰

陳表仁

江西石幢記圭擇撰　太和二年五月十一日建　洪

徐文京

盧駢游北岩惠安寺詩并序太和二年九月十七日　資

秦守正　趙盈

太清宫道藏經目録碑守正書 篆額 太和二年 京兆

元文叔

廣通寺石鏡燈記太和二年 京兆

陁羅尼等經石鼓竇庭蘭撰 太和五年 京兆

竇庭蘭

陀羅尼經石鼓注見上

劉蔚

清泉寺大藏經記韓杼材撰并行書 篆額 太和二年九月立 明

春分投簡陽明洞天并繼作元威明白居易撰 王琦八分書 篆額 太和三年正月十五日立 越

王璹

校簡陽明洞天注見上

王無悔告城縣尉

贈司徒李祐誌庾敬体撰隸書并篆額太和三年十一月立京兆

贈司空王潛碑李宗閔撰崔蠡正書篆額太和六年京兆

楊敬之

贈吏部尚書楊元琰碑牛僧孺撰太和三年京兆

倪匡明

東林寺大師真堂記書并篆額太和三年江

東林寺化德王重置白氏文集記僧匡白記余文真正書篆額

太和六年八月十二日立　江

余文貞

白氏文集記　注見上

陸滂　右補闕

題名　自稱麋鹿臣篆書　太和三年題　昇

任迪

孔子廟碑　韓愈撰　行書　太和三年　處

元稹　浙東團練觀察使越州刺史

修桐柏宫碑　撰并書　顔顒篆額　太和四年立　台

齋餘

栖霞寺大德玭律師碑劉軻撰沙門雲皐正書篆額太和四年七月十一日建大中八年七月二十三日再立江

趙景元

爐峯道場鐘銘僧世用述行書太和四年七月十三日昇

李諒

湘中紀行撰并書太和四年十月二十五日永

顏汝玉

天台禪林寺智者大師畫像贊顏真卿撰顏顒書太姪汝玉篆額和四年冬季月建台

唐元亭

知内侍省崔談峻壽堂碑 許康佐撰 行書 唐元度篆額 大和中立 京兆

左威衛將軍李藏用碑 王源中撰 集王羲之書 唐元度篆額 太和四年 京兆

集金剛經 唐元度篆額 太和六年立 京兆

張彪

烏雀山故圓震大師碑 撰并正書及篆額 太和庚戌 蘄

王翊

衡岳寺大德瑗公碑 皇甫湜撰 太和五年三月二十六日 潭

章公肅

金泉洞仙居述 撰并篆書 太和五年四月八日述 果

周士牟

攝山栖霞寺賢聖會記釋善言撰　行書并篆額太和五年九月十五日　昇

沈的

寧賁禪師塔銘撰并行書　沙門潭鏡八分書額　太和五年九月　越

郭齊

新修龍母廟樓碑季景休撰　太和六年正月一日記　康

裴休中書侍郎兼戶部尚書平章事

殿中侍御史韋雄墓誌劉禹錫撰　太和六年正月　京兆

圭峯定慧禪師傳法碑撰并書　柳公權篆額　大中九年正月立　京兆　又

咸通三年五月十九日立　成都

令狐驤

新修文宣王廟記鄭楚蘭撰　正書并篆額　明　太和六年二月十五日立

崔倬

文宣王廟記裴度撰　盧宏宣篆額太和六年四月　襄

八關齋會記顏真卿撰并書　田詠篆額　大歷七年五　大中五年倬補書　應天

盧宏宣

文宣王廟記注見上

丞相檢校司空李公碑李宗閔撰　題額太和八年立　洛

廣成先生劉元靖神道碑蕭鄴撰　八分書大中五年　潭

王周古

楊岐山甄寂大師禪碑沙門至閑撰　僧元幽行書篆額　太和六年四月三

十日建

許塘

鴈塔題名 太和六年五月十八日題

歸融

李德裕德政碑 賈餗撰八分書太和六年八月立滑

贈太尉會稽郡公康志睦碑 韋璀撰楊述篆額咸通二年京兆

張漢夫

游擊將軍許給墓誌 撰并書太和六年京兆

崔蠡

贈司空王潛碑 李宗閔撰王无悔篆額太和六年立京兆

賈餗

謁華岳廟詩撰并書太和六年華

張抱九

佛龕大師碑韓鈌撰太和六年台

李師復

修仙都觀記段文昌撰太和七年正月五日記忠

郭圓

復石幢記李方元撰太和七年四月一日立洪

豫章冠蓋盛集記獨孤及撰李寓篆額太和七年四月二十一日建洪

李寓

冠蓋盛集記注見上

楊嗣復劍南節度使

武侯廟碑陰記題與僚佐題名太和七年

李文悅

謁夫子文太和七年兖

陳寬

鴈塔題名太和八年九月十日題京兆

凌渭

立吳文皇帝廟碑胡季良撰太和八年立湖

郁文則

神仙觀碑盛君立撰行書篆額太和九年正月立杭

鄭師仁

春城院佛殿記劉𢡮撰八分書太和九年五月□

崔植虞城令

馬先生廟録盧中規撰太和九年十一月立應天

劉承劍　毛如浦

普安院左溪大師碑銘李華撰承劍如浦等行書篆額太和九年十二月二十五日立婺

沈堯章邕管經畧判官

贈吏部尚書沈傳師墓誌權璩撰從子堯章書太和九年立京兆

張模

内謁者張忠政碑　卜炎撰　從姪書　太和九年　京兆

鄭宗冉

令長新誡　元宗製　太和九年建　許

張雅

造經供養記　僧明鑒撰　太和九年立　成都

宇文鼎

題蒙泉詩　太和九年刻　荆門

楊玕

龍牙山先文師塔銘　撰并篆　太和中立　潭

前牛名在前非附見也

王朏

創起歌馬五亭記　南卓撰　正書題額　開成元年五月二十二日立　劒

李道夷

皇甫曙題石佛谷詩　開成元年十月

郗從周

樞密使王踐言墓誌　劉軻撰　唐元度篆額　開成元年立　京兆

裴譔

贈尚書左僕射劉遵古碑　許康佐撰　開成元年　京兆

牛僧孺　按僧孺已附見前戴祈（祁）條下此處又複出

赤城山中巖寺碑　沙門神邕撰　開成元年　台

任繪

心経篆 開成元年五 成都

心経頌成都

丁居晦

宣武軍節度使王公神道碑裴度文 柳公權書 篆額 開成元年洛

檢校左僕射崔群碑裴休文 劉禹錫書 篆額 洛

朱玘

内侍少監第五從直碑裴郁撰 行書毛伯貞 篆額 開成元年 京兆

修漢未央宮碑裴素撰 行書 毛伯貞篆額 會昌二年十一月六日建 京兆

内侍郗士榮碑嚴厚本撰 行書 會昌三年 京兆

殿中省尚衣奉御蔣洄墓誌任吉撰 京兆大中元年

内侍監仇士良碑鄭楚撰 行書 毛伯貞篆額 大中五年五 京兆

千福寺重建章資師傳教碑朱景元撰 行書 大中五年 京兆

廣成先生傳趙櫓撰 大中七年 潭

毛伯貞

第五從直碑注見上

韋元素碑注見上 丁居晦內

未央宮碑注見上 朱玘內

仇士良碑同上

贈開府儀同三司田紹宗墓誌呂讓撰 侯湘行書 篆額 大中

元年刻 京兆

宣宗女齊國恭懷公主碑董景仁撰 篆額 大中元年 京兆

崇聖寺佛牙寶塔碑孫朴文 王君平書 篆額 大中時立 京兆

盧逕

文宣王新廟碑劉禹錫撰 開成二年二月

王辭

修阿羅漢塔記沙門前白述 開成二年九月八日立 越

龍蓋寺碑徐元弼撰 開成五年刻 復

裴子方朝散郎前行河南府河南縣主簿

黃公記李濮撰 八分書 開成二年十一月立 絳

楊明

内侍省贈特進王延義碑篆額　二年　開成　京兆

許康佐

華嚴寺法順大師碑撰并書　二年　開成　京兆

韋慤

循州司馬杜元穎妻裴氏墓誌　增撰并正書　開成二年

崔耿

毗沙門王祠堂碑撰并書　開成丁巳十月庚寅記事　鄂

陳去疾江州司馬户參軍

李廷彦

寶稱律大師塔碑　劉軻撰　去疾書　廷彦篆額　開成四年四月二十七日立

大中八年重建 江

馬纘

新造白蘋洲五亭記 白居易撰開成四年十月立 明

鄭模

宣歙觀察使王質碑 劉禹錫撰并書題額開成四年十一月立 洛

王君平 檢校太子賓客濮王府司馬

右神策軍豐軍屯記 石潛夫撰行書開成四年立 京兆

崇聖寺佛牙寶塔碑 孫朴撰毛伯貞題額大中年立 京兆

朱景元

涇州節度朱叔夜墓誌 從姪撰并正書開成四年 京兆

魏模 起居舍人

李弘繹神道碑 開成四年立 洛

趙浩

金剛經 僧涓濬篆額 開成五年正月立 昇

鄭還古

散騎常侍裴恭碑 盧衎撰 開成五年四月 洛

裴儔 滁州刺史

重游瑯琊溪詩 開成五年六月題 洛

江積

大梅山常禪師還源碑 撰并書 開成五年七月 明

柳正亮　鄭綬

贈左散騎常侍李推直碑正亮撰并書　綬篆額　開成五年　京兆

李伉掌書記

修秦文公廟記撰并書　篆額　開成五年立　坊

徐元進士

桃源山界記狄中立撰　書并篆額　開成五年立　鄠

鄭處誨

文宣王廟庭松記開成年立　襄

王紉成

龍興寺頌崔璟撰　開成五年立　巴

寶刻類編卷第五終

乾隆癸卯八月九日燈下校于知不足齋

寶刻類編卷六

宋無名氏撰

名臣十三之六 唐

賈島 樂彥融

紫極宮碑 樂闡撰島書彥融篆額 會昌元年三月五 普

奚獎

尊勝經幢 行書會昌元 年六月 越

李玭

題名 會昌元 年 兗

楊紹復

荇溪新亭記李濆撰會昌二年正月滁

韋琯

鴈塔題名會昌二年六月二十七日書京兆

李掖前武功縣尉

王粲石井欄別記會昌二年襄

周援

五大夫市新橋記會昌三年月屬無射二十九日建越

徐方平集賢直院

昊天觀碑王起撰柳公權書篆額會昌三年十月京兆

左神策紀聖德碑額崔鉉撰柳公權書篆會昌三年立京兆

大中報本寺碑 李琮撰 侯翊書 篆額 大中元年二月五日建 京兆

沈鄯

處士鍾離府君墓誌 會昌三年十二月立 杭

李景華

户部郎中裴纉墓誌 弟琮撰 正書 并篆額 會昌三年 京兆

裴方質 試秘書省 校書郎

李德裕遥傷孫晉師詩并題黄先生舊館詩 八分書 會昌

三年剡 昇

夏中

浯溪銘 盧倚撰 會昌三年 永

李琮

刋有待岩記李方元撰　會昌四年二月二十五日記　池

王惟直監軍使内謁者監

新修紫極宫記趙璘撰　會昌四年九月五　萊

馮賢

賈島誌蘇絳撰　會昌四年五　普

盧匡

修文宣王廟碑裴垣撰　書并篆額　會昌五年十一月五　青

修文宣王廟碑裴垣撰　書并篆額　會昌五年十一月　成都

繆師愈

祐

都督府記李貽孫撰　會昌五年十一月立　夔

周墀洪州刺史

大孤山賦李德裕撰　會昌五年刻

張祐

杜牧左史洞題名牧爲刺史立左史洞名而題之祐書　會昌五年刻　池

白敏中

醉吟先生白公西北岩石碣樂天自著墓碣也　會昌六年十一月立　洛

王登

靈際山大定寺李先生碑蘇或撰　會昌六年　京兆

高承恭

題名會昌六年兖

蓋巨源

保生銘孫思邈撰八分書銘懸針題後大中景寅歲立乃會昌六年也成都

江瀆廣源公碑李景讓撰八分書并篆額大中十三年正月初七日建成都

司空扶風寫真記李澄撰八分書并篆額咸通元年十一月記成都

吳公真堂記薛逢撰咸通二年五成都

六譯金剛經殘碑楊翺撰序巨源八分書咸通四年十二月立雅

再建龍具寺碑何紹宏撰八分書并篆額咸通四年十二月立雅

金剛經篆書咸通四年成都

新置平羌江繩橋記上官朴撰八分書并篆額咸通七年三月二十四日立雅

創建江南亭記苟蘧撰　篆額□咸通十年九月十一日記　綿

鎮國白天王記上官朴撰　書并篆額咸通十一年立　成都

盧正

臨途館記會昌中立成都

侯翊

大中報本寺碑弟琮撰　徐方平篆額　大中元年二月初五日建　京兆

黎埴

浯溪題名大中元年七月二日　永

高元裕

華岳廟題名大中元年　華

張行周

宥州刺史李宏本墓誌　杜秘撰　大中元年　京兆

侯湘

贈開府儀同三司紹宗墓誌　呂讓撰　行書　毛伯貞篆額　大中元年刻　京兆

裴昇之　進士

謁舜廟文　呂温撰　大中元年刻石　河中

王方外

蓬萊觀碑　孫讜卿撰　貝靈該八分書　篆額　大中二年六月十九日建　明

貝靈該

蓬萊觀碑注見上

戒珠寺記趙璘撰八分書咸通元年復立越

大慶寺復寺記八分書并篆額咸通十一年二月二十日立越

韋瓘

浯溪題名大中二年十二月七日

椒陵波詩撰并書

蔡陵幽州節度隨軍

張仁憲神道碑李儉撰八分書并篆額大中二年立霸

鄭戎

内常侍成叔貞撰并書及篆額大中二年京兆

盧肇歙州刺史

新興寺碑撰并書楊嚴篆額大中二年五宣

閔城君廟記撰并篆額劉騊之書大中三年十二月一日建袁

文宣王廟記撰并正書大中十三年八月定

楊嚴

新興寺碑注見上

慕容鎬

淮陽太守李公廟碑李讜撰大中三年三月

徐瑋

心經篆書大中三年五月成都

劉駉之

閬城君廟碑注見上盧肇內

毛文庚

贈內侍王巨鏞碑劉琢撰 書并篆額 大中三年 京兆

鄭言

文宣王新廟碑撰并書及篆額 大中三年 湖

楊收

松溪院記劉琢撰 大中四年六月十五日記 成都

李審幽

尊勝經并記張埶儒撰記 行書 大中四年七月 渭

一作清

李貽孫左諫議大夫弘文館學士

秘書監陳商誌　撰并書　大中四年五　洛

顔稷

重建請居寺碑　段成式撰　書并篆額所書殊有楷法　大中五年四月二十三日記

譚郃

醉吟先生傳　白居易撰　大中五年四月　洛

白居易碑　李商隱撰　大中五年四五月　許洛

魏慶庾

陽翟縣水亭記　撰并書　大中五年五月　許

楊向

金剛經碑大中五年季夏隨

李儔屯田郎中

太子太傅李固言碑李珏撰從子書大中六年二月五洛

王貞　孟達

普門寺鎮國經藏院記馬辭撰貞正書達篆額大中六年九月一日記鳳翔

庾存讓

刑部尚書庾承憲墓誌第四男道撰長男書大中六年京兆

李方援

三原縣尉於武陵墓誌兄延陵撰大中六年京兆

楊少儀　孫征

僧定蘭脩行贊鄭處晦撰 孫徵篆額 大中七年月次黄鍾蓂開大葉建 成都

馬曙

舍人裴公改葬碑大中七年立 洛

華州刺史裴乾立碑撰并書 京兆

俞珣

隋陳司徒告身并捨宅造寺記序撰并書 大中八年五月 常

劉曆之

重置開元寺碑陶鈙撰 八分書并篆額 大中八月七日立 湖

蕭起

大覺禪師碑李吉甫撰 大中八年十二月 杭

低一格

大覺禪師塔銘邱丹撰　大中九年五月建　杭

崔平

黔南觀察贈左散騎南公碑張缺夫撰　大中八年立　洛

韓抗王屋主簿

睿宗賜白雲先生詩賜白雲先生勅三　元宗勅并送別詩各一　陽臺宮西壁奏狀并答勅　乾元元年禁山廟採樵勅　大中八年刻石　孟

張道衡　任漢藩

麗陽廟記張皤撰　道衡正書　漢藩篆額　大中九年五月二十日　處

韓欣

贈司徒趙郡貞孝公李絳先廟碑裴度撰　正書并篆額　大中九年

宗當作池

京兆

畢諴邠寧節度使

五夫人堂記撰并書大中九年刻邠

董景仁

宣宗女齊國恭懷公主碑毛伯貞篆額大中九年京兆

内侍楊公碑張楊撰咸通十二年京兆

李兗

興唐寺碑大中十年京兆

盛濤試左武衛兵曹參軍

塩宗神祠記錢石方撰八分書大中十年五解

殷元珪

贈太子少保胡洙妻曾氏墓誌 王自牧撰 大中十年 京兆

李子流

題名 大中十年刻 江

裴光遠 國子博士

東林建碑記 張又新撰篆額 大中十年四月三十日 江

延慶院經藏銘 趙璘撰 八分書并篆額 咸通九年六月建 襄

義亭記 劉虚白撰 正書并篆額 咸通九年六月建 襄

重建東林寺禪大德言公碑 崔紳撰 八分書并篆額 咸通九年十二月十三日建 江

社稷壇記皮日休撰八分書咸通十二年刻襄

陸肱

陸文正墓誌長男撰并書大中十一年三月湖

冬日洛城北謁玄元皇帝廟詩杜甫作咸通十一年立洛

任紹

魏成縣令裔晏遊石堂山記王助撰大中十一年十月立綿

徐方田朝議郎前行楚州寶應縣

南陽縣廳西墉記撰并八分書大中十一年立鄧

杜榆

莊居記杜佑撰孫書大中十一年重書刻京兆

韋隩 河陽三城節度使

福先寺題名 大中十二年洛

陳藩

蘭溪亭記 裴敬撰大中十三年二月建蘄

楊滌

少府監丞楊滌妻張氏墓誌 撰并正書行書銘大中十三年五月京兆

張元之

大中仁王寺禪院新續碑 張廻撰行書大中十三年八月建咸通五年

再立餘

杜英

儒宮碑沈左貢撰正書并篆額大中十三年十一月

王藩

萬石君廟記石晏撰行書并篆額大中十三年十一月

殷紹業鄉貢進士

雅王府功曹殷縣墓誌弟撰并正書大中十三年十二月癸常

丁祥

請創禹廟事碑大中十三年刻河中

柳仲年

司刑寺修獄記崔彥魯撰大中十三年京兆

兵部尚書王承業墓誌鄭言撰咸通十年二月京兆

寘。

贈内侍周景齊碑 撰并書及篆額咸通十五年京兆

懿宗女衛國文懿公主碑 韋保衡撰正書并篆額咸通十一年二月京兆

懿宗惠安王太后墓文 蕭寘撰京兆

馮禮輿 陝府芮城縣尉

寓居石表記 大中十三年立陝

馮譔

東林寺經藏碑 李肇撰重書再立并篆額大中十三年江

裴諷

題名 大中十四年六月刻在齋朗和尚碑陰江

杜宣猷

義昌軍節度杜中立碑裴坦撰大中十四年八月

沈珹

新緻法雲禪院記述并正書大中十四年十月二十五日秀

元達

皐陶廟記大中缺七字二十五日立壽

能遜

郭寧墓誌孫因餘撰大中立杭

名臣十三之七唐

高駢右驍衛將軍兼侍御史

磻溪廟碑并詩二碑張翔撰并後序詩二誠潘缺撰皆駢書咸通二年刻京兆

建築羅城記 乾符三年丁酉月九日建 成都

藏經記 撰并書 乾符四年立 成都

楊述

贈太尉會稽郡公康志睦碑 韋瓘撰 歸歌正書 篆額 咸通三年 京兆

張元

内謁者監公先廟碑 權璩撰 正書并篆額 咸通二年 京兆

龔頴

洪門三白渠造石五門記 撰并書 咸通二年 京兆

令狐澄

登白楼賦 令狐楚撰 咸通二年刻石 河中

趙韜

延慶院記碑陰勅牒二　書　咸通二年　襄

魏修

延慶院記　蔣鈇撰　咸通三年八月立　襄

王随

大慶寺衆尼粥田記　裴潛述　正書并題額　咸通三年十月二十七日建　越

宋漁

重建開善寺碑　宋憖撰　正書并正書額　咸通三年十月建　昇

陳郅

瑯琊王子琚墓誌　李修撰　咸通三年十一月二十日　越

楊廸

樞密院修紫蘭亭記路巖撰行書咸通三年京兆

李從誨　葉詠

贈司空史憲宗碑裴坦撰從誨正書詠篆額咸通三年立京兆

于元素

言和尚塔記張君卿撰行書咸通三年京兆

王鐸中書舍人

贈太尉白敏中碑畢誠撰咸通三年立華

盧幼章

韋公妻漁陽郡夫人盧氏墓誌姪荷撰姪□書咸通三年京兆

楊珪

仙都觀新建南樓記柳騈撰　咸通三年記　乾符二年七月建　忠

張時暕

報德寺新建尊勝寶幡記蕭鈌撰　咸通四年四月十六日記　湖

李騰

仙都觀修齋靈感記段成式撰　咸通四年五月十七日立　忠

楊翱

六譯金剛經殘碑撰序并八分書　咸通四年六月　京兆

林蕟　鄧初

新瓶東林寺菜園記魯湘瑎撰　蕟正書　初篆額　咸通四年九月三日　江

尹[illegible]

扶風公創造仙都觀天台殿石像記 蹇宗儒撰 正書并題額

咸通四年十一月二十三日記 忠

仙都觀老君石像記 馮涯撰 咸通五年七月五日記 忠

王才霸

阿育王塔尊勝幢記并呪 何趙庭撰 咸通四年立 漢

于僧翰

尊勝陁羅尼經 八分書 咸通五年 潤

尊勝經 小字八分書 咸通五年 潤

皐亭神祠碑 杭

錢雍

狄梁公碑皮日休撰 八分書并篆額 咸通五年立 江

何重環

太平寺尊勝經幢咸通六年五月立 婺

胡專

平盧節度使崔執柔墓誌裴翻撰 咸通六年七月二十七日 京兆

鄧君榮

真德觀修堂殿創廊宇碑王助撰 咸通六年九月立 綿

李曉

徐商德政碑李騭撰 隸書并篆額 咸通六年十二月建 襄

庚惟蔚

節度使畢諴碑慎惟和撰咸通六年立洛

裴延嗣

法順和尚吉祥泉碑裴處權撰咸通六年京兆

鄭君石　鄭彥藻

修文宣王廟記君石撰并題額男彥藻八分書咸通六年立貢

周承緒

心經篆咸通七年立成都

盧元

神光寺碑李勳撰書并篆額咸通八年十二月立福

苗紳

觀察使武陽公韋公寫真贊撰并書咸通八年立

韓綜右散騎常侍

太子太師裴休神道碑裴處晦撰咸通八年立懷

魏魯

般若心経記咸通八年京兆

張彥遠

華岳廟題名咸通九年華

張宗厚

宣徽北院新啟功德堂記僧靈猷撰咸通九年京兆

掖庭局缺田公遠碑 李騰撰 咸通九年 京兆

師子院鐘銘 弟蟾撰 咸通十一年 京兆

安國寺鐘銘 弟蟾撰 咸通十四年 京兆

贈特進啟居本碑 弟蟾撰 額正書并篆 乾符四年 京兆

李昌辭 前右威衛兵曹參軍

沈公夫人馮氏墓誌 羅洙撰 咸通九年五 河中

朱介一

九疑山舜廟記 道士孟可冉記 咸通十年九月二日 道

滕宮

宣聖廟記 曾翔記 咸通十年五 兖

鄭承規

碧落碑識文在碧落碑之側咸通十一年七月十一日立絳

劉虔古

雲麾將軍宋戎墓誌從孫程撰書并篆額咸通十一年八月襄

張鐸右諫議大夫

振武節度使高宏碑鄭從讜撰咸通十一年立京兆

盛澤　那希言翰林待詔

薛從神道碑從孫鉄撰澤書希言篆額咸通十一年河中

蕭黄中

神岡廟路記撰并正書咸通十二年七月十日記台

胡璠

浯溪題名 咸通十二年七月二十五日 永

獨孤霖 刺史

疊嶂樓 咸通十二年十二月 真

柳知微 前大理少卿

孔岑父碑 鄭絪撰 咸通十二年 孟

牛季珣

修六門堰碑 弟蟾撰 書并篆額 咸通十二年 京兆

毛知微

千佛寺無相法師護珠塔記 僧靈徹撰 咸通十二年 京兆

贈内侍晏全謂碑 鄭敏撰 乾符三年 京兆

蔣崧

再建重居寺碑 任字撰 八分書 咸通十三年二月立 常

楊瞻

仙岩亭記 撰并正書及篆額 咸通十三年四月記成

朱宏 吴瞻

烏墩市吉山索靖王廟碑 宏撰并正書 瞻篆額 咸通十三年四月立 湖

王銷

尊勝經幢 書并鐫 咸通十三年八月 越

韋徵 户部侍郎知制誥

袁滋神道碑庚承宣撰　咸通十三年五　陝

王承福　雷珍

孝子張府君旌表碑承福書　珍題額咸通十四年　昇

劉援　高魯士

仙田山廟記援撰并正書　魯士篆額咸通十四年七月　舒

劉寘鴻

陸文學傳咸通十五年閏四月刻　復

王植

龍多山集聖院記李稽撰　咸通十五年十月十五日記　合

王修己

尊勝經幢咸通十五年　越

陳靈欣

尊勝經幢咸通十五年　越

韓遂安

右神策軍碑盧諼撰　董褱篆額　咸通中立　京兆

董褱

右神策軍碑注見上

創築羅城碑王徽撰　李鄯行書　篆額　中和四年正月十六日立　成都

西平王王公進生祠堂碑吴融撰　趙璵書　篆額　天復二年立　成都

張楷

鹿玉山三題獅子洞石室玉井三題 趙鴻撰 乾符二年三月十九日成

李衢

崇建寺重雲大師真身記 李篆撰 篆額 乾符三年立 婺

王戩

武寧軍書記王戩妻李氏墓誌 撰并正書 乾符三年立 京兆

崔厚 禮部侍郎

僖宗賜澄衿寺額碑 張同撰 乾符三年立 京兆

興善寺普照大師碑 張同撰 乾符四年立 京兆

李郁

十善業道要略碑裴栿撰篆額乾符四年京兆

李宏源

佛本行詩僧飛錫撰乾符四年京兆

沈咸

三祖信心銘沙門師立述□正書并篆額乾符五年正月三十日湖

高燭

惠廣禪師重修淨衆寺碑裴銂撰乾符五年四月建成都

新繁二真堂記裴銂撰書并篆額乾符五年立成都

題石室記裴銂撰乾符五年立成都

王繹

贈太尉中書令貞孝公蕭倣墓誌 令狐楚撰乾符五年京兆

文炅

北山院再建堂宇功德并放生池記 王助撰乾符六年五月一日記綿

濮陽鵬

忠烈公廟香爐賛 沙門蘊讓述字體甚怪乾符六年五月常

魯讓

佛頂尊勝陀羅尼經 乾符六年京兆

任表

左僕射康承釗碑 狄渠撰廣明元年五月十九日建京兆

吳華

李商隱佛頌 李商隱撰　篆書　廣明元年十一月一日立　成都

鄭延禧 宋州館驛處官

牛龍堂記 皇甫璆撰　廣明元年立　應天

孫知誨

贈特進韋德鈞碑 王徽撰　廣明元年　京兆

鄭宏升

佛頂尊勝陁羅尼經 廣明元年　京兆

楊簡稠

扈從還京師 廣明元年　成都

劉權陵州刺史

新立鎮南將軍劉表廟碑撰并書　廣明二年五　襄

修甲伏樓記劉知實一　撰擢

劉巨容

劉表碑記與廟碑同

蕭璹

蔡州蔡令蕭澤墓誌男書　中和元年　京兆

馬全琦

佛行頌楊復恭撰　中和二年二月一日立　成都

陶貞固

潘成院碑劉鈌撰正書并篆額中和二年七月十五日昇

林鏕

龍興寺鐘記陳璜撰中和二年閏七月十二日記漢

李郜

創築羅城碑王徽撰行書董環篆額中和四年正月十六日立成都

節度李昌言德政碑杜讓能撰鳳翔

張元逸

報恩寺宏憲大師塔銘撰并書篆額中和四年五月建常

鄭廷昌

新修曹溪六祖禪院記秦韜玉撰中和四年十一月記成都

李黄中　盧浩

晉國公新建六祖堂記　李瑞撰　黄中書　浩篆額　中和四年十二月甲午

唐彦謙　河中節度使掌書記□閬州司馬

王重榮德政碑　歸仁撰　中和四年五　河中

張將軍新廟記　李巨川撰　龍紀元年五　興元

章延龜

王公復陝城勳德碑　李詞撰　中和四年　陝

劉崇龜

昭覺寺記　蕭遘撰　中和五年正月五　成都

鄧乾裕

毋贈鄧艾衛聖侯勅碑　書并篆額　中和五年八月十日立　劒

侯嗣昭

故臨壇大德元著和尚碑銘　侯翶撰　男書　中和五年立　成都

楊復恭

佛行頌　撰并書　中和六年立　成都　按上中和二年所立乃復恭撰馬全琦書此則撰書皆出復恭手非一刻也

劉詢

廣平公舊園記　薛正巳撰　書并篆額　光啟二年六月二十一日　江

楊允中　陳漢温

資聖寺宣和尚塔銘　沙門蘊讓述　允中正書　漢温八分書額　光啟二年九月

九日奕湖

於景休

衛尉少卿沈公昇仙廟碣撰并八分書光啓三年六月六日記湖

安定胡應夫人清河張氏墓誌撰并正書天復四年正月湖

鄭教

北帝堂記李黄中撰光啓四年成都

莫公修青城觀功德碑杜光庭撰乾寧二年九月二十日永康

盧旻

重建巢湖大姆廟記邢湛夷撰八分書并篆額龍紀元年十一月建無為

李知融

汝南危公新置羅城記張保和撰、篆額大順元年後六月十一日撫

張保和

新移州城記撰并八分書額龍集庚戌年在大順律中南呂戊寅記撫

康保脩

贈左僕射李紹立碑石庭規撰正書并篆額大順三年四月立瀛

韋戩 柳佩

梓州新修順濟王廟碑弟昌謀撰戩正書佩篆額乾寧元年三月十九日立梓

令狐渙 溫術

新州安昌寺碑庾信撰渙重立并書術八分書額乾寧元年十一月立梓

張巖 監察御史

杜鵑花詩二首 張濬劉崇龜唱和 乾寧元年刻 靜江

劉纂

景福三聖禪院記 柳璨撰 正書并篆額 乾寧元年立 遂寧

楊夔

烏程縣新修廨署諸 撰并正書 道士張𢽳賢篆額 乾寧三年五月七日建 湖

張省溫

藏經記 馮涓撰 張般篆額 乾寧四年立 成都

中興草元寺碑 馮涓撰 天復二年立 成都

張般

藏經記注見上

顏起

新修堯舜二祠祭器記趙觀文撰書并篆額乾寧五年八月十五日建□静江

于暉

昌利觀王尊師修功德碑杜光庭撰光化元年十一月記

柳懷素

濟安侯廟記李巨川撰光化二年四月一日記——華

高隲

廣濟大師舍真和尚舍利塔碑盧光濟撰光化二年京兆

瞿謡

施木充修造記費順皐撰　光化二年立　成都

柳樞

鐘樓記撰并八分書　光化三年十一月　壽

閻湘

左監術將軍宋巨業碑吳融撰　光化三年　京兆

閻從勳

供奉官掖庭令李允存墓誌從姪應坤撰　光化四年

趙縠

伏羲廟碑孫命撰書并篆額　光化中立　陳

趙璵

西平王王公建生祠堂記吴融撰 董環篆額 天復二年五 成都

蒲君宰

重修嚴顔神廟碑馮解撰 天復五年十月十五日立 巴

劉瑊

定光塔記黄滔撰 書并篆額 天祐二年五 福

裴閻

觀音寺舍利塔記撰并書及篆額 天祐二年 大名

閔宏靖

陶仙壇記撰并書 天祐十三年丙子正月十五日建乃梁貞明二年也 洪

王説

梁公儒碑于廣撰書并篆額
天祐十三年立真定

寶刻類編卷第六終

八月初九日燈下校于知不足齋

寶刻類編卷七

宋 無名氏 撰

名臣十三之八唐不著年月

王起

劉子觀題名汴

褚無量

孔子墓題無量等二十九人兖

魏崇

柘城令李君德政碑封利建撰行書拱

趙滂

忠武將軍左衛中郎將蔡君碑 杜兼譔 拱

元封

隨州録事參軍狄公碑 崔洪撰 拱

薛存誠

某棠館題名 韋夏卿文 字磨滅 拱

郜恭

周杭州刺史李公碑 拱

唐澄

衛南縣令房公德政碑 周昇撰 澶

崔行功

淨住寺釋迦文賢𠬶千佛像記撰并隸書京兆

蕭嵩

后土神祠碑陰自王太子以下題名河中

張松質淮陰令

與李邕書楚

杜牧

顧渚山題名湖

黄山亭碑并碑陰題名太平

駱齊休

尊勝陀羅尼石柱題名京兆

趙圓劒南節度衙推

會昌投龍文

李靖

上華岳書華

員半千

題名字遂

裴光庭陪戎校尉

裴氏祖德碑自叙述其家世并書洛

李參元

龍華殿心經盧鴻八分書并篆參元題記附在嵩山

崔周衡

陽翟縣新石橋記 許

唐長儒

立舜陽侯樊君碑堂 裴隸撰八分書 許

苗粲

刺史崔淙遺愛頌陰 正書 許

李建

温縣造文宣王廟記 正書并篆額 孟

盧中敏

開元寺講堂記 陳

鄭公誼

槜里子碣 鄭路撰行書 京兆

申屠兗液

虢國公楊思勗花臺銘 撰并書 京兆

王粲

玉真公主墓誌 王縉撰姪行書 京兆

徐蔵器

宣武節度昭德郡王劉全諒碑 楊於陵撰 京兆

賈耽

贈尚書左僕射賈琰碑 子撰并書 京兆

李虞仲

鴻臚卿郭珣墓誌　陶鉞撰　京兆

安景之

安國寺經藏院碑　鄭薰撰行書　京兆

盧朋龜

鄭宏業　李輝

移毗盧佛記　秦韜玉撰業書名銜　朋龜正書宏輝篆額　京兆

趙行表

慶山寺碑　弟承慶撰　京兆

王瑀

修文宣王廟碑　八分書并篆額　河中

郭欽太原郡鶯臺秘書

五級浮圖記長孫恕撰河中

李景初

東廳記盧宏義撰邠

王良容

邠寧節度使高霞寓德政碑弟處厚撰邠 五年

元載

佛頂尊勝陀羅尼經二鳳翔成都

楊江

修三元黃籙頌汾

李頎

吴興沈天絪墓誌 姚林述 亳

于瀆

普光王寺碑 胡浩撰 泗

李翺

題名 大字正書 舒

柳遜

游瑯琊新寺詩 滁

王奐之

尊勝陀羅尼經幢 潤

瀘一作徵

蔣潼

禮部侍郎信州刺史劉大真碑裴度撰　昪

李灝

薛稷祠堂記陳允升撰　書并篆額　瀘八分

張文祐

圓通大師碑裴廷撰　江

李嶠

題名九疑山無為洞道

鴈塔題名京兆

盧貞

浯溪題名永

穆栖梧

浯溪題名永

劉從素

賽請陽山文行書并篆額鼎

鄔員

尊勝幢贊

韓極文行書

張敬仙

玄元皇帝道德銘李華撰

劉象

大道頌鄭畋撰成都

李慶

四教頌杜光庭撰成都

柳濟物

獨孤守忠碑弟承慶撰洛

柳識

石橋記張嘉貞撰趙

陶從心朱巨

海濤志竇叔蒙撰　其書六篇　海濤志　濤歷日時濤期朔望體象　春秋仲月漲濤

解其濤日時疏一篇孟簡撰從心書巨題額温

馬總

平淮將佐題名 華

韓擇交

商餘樑 蘇預撰八分書 汝

魏元忠

石室題名 端

楊遠

如筠禪師碑 洛

楊志方

魏博節度田承嗣德政碑裴伉撰 大名

馮曙 邱曙

龍牙禪院記曙撰并篆額 曙書 潭

白居易

崔宏禮碑撰并書 洛

與劉禹錫書 杭

詩簡 越

黄幡綽

霓裳羽衣曲譜逍遥樓 河中

荆叔

鴈塔題名并詩京兆

許玫

鴈塔題名并詩京兆

李甫

題名衡

王劭

河東薛公布政録裴寳辭述缺已

李思惲參軍

刺史封公德政碑李迥秀撰齋

傅嚴吏部掌選

鴈塔題名京兆

杜律

玉笥山清虛觀碑重刻吉

玉笥山上清宮碑杜曇承撰　裔孫重刻　吉

名臣十四後梁

紫瑕

重修黃陵懿節廟記蕭振撰　巘正書并篆額　開平初元九月二十五日建　潭

名臣十五後唐

楊遜

大清觀取鐘并修觀記杜光庭撰　天成二年　成都

李昊

羊馬城記　撰并書　天成三年　成都

劉曦度

重修文宣王廟記　劉纂撰　天成四年七月十三日記　遂寧

令狐嶠

改修軍資庫記　李昊撰　長興元年立　成都

益公夫人福慶長公主神路碑　崔善撰　長興四年立　成都

劉綸

重修白帝廟記　述并行書及篆額　長興六年六月記　夔

張公允　翰林待詔　郭在微

尚父吴越國王謚武肅神道碑楊凝式撰在徵篆額　恭行書長興五年立杭

李鶚

洛陽至真堂記李梲撰　清泰三年八月立

名臣十六後晉

李紹元

尊聖經幢天福九年立　福

名臣十七後漢

郭忠恕武寧節度推官

唐懷嵩樓記李德裕撰　八分書并篆額　滁

大藏經旨序 撰并篆書 袁正己正 乾祐元年四月

重修高祖廟碑 趙顥撰 八分書 乾祐二年五 徐

小字說文字源 忠恕篆 取唐李騰所書字源補其缺漏者七改其音之誤者一别為小字以石刻楷法尤精 乾祐三年七月立 徐

後周移文宣王廟堂記 蘇善鄰叙 正書并篆額 周廣順元年孟秋記撰 乾符元年五 汝

永安院佛殿記 劉從義撰 忠恕篆 袁正己正書 宋乾德四年四月

陰符經 小篆 古文 八分 三體書 宋乾德四年刻 京兆

袁正己

大藏經旨序

永安院佛殿記二碑並見上注

程迊翰

重修法空大師塔亭碑彙征奉勅撰奉制書 乾祐三年九月六日建

袁允中

十八體書僧夢瑛書真字 允中書京兆

名臣十八後周

楊凝式

題名并詩歲在癸丑即廣順二年洛

王貞元　王貞範

荆南節度贈太師楚王高季興碑孫光憲撰貞元行書 貞範篆額

顯德二年九月立 江陵

趙仁朗

安州防禦李璵德政碑 李實儀撰 行書 顯德五年七月五日建 德安

名臣十九 前蜀

王宗懿

太宗文皇帝帝範 武成元年 成都

白居易題袍詩 行書 二十三日立 武成元年二月 成都

綵牋歌 武成元年立 成都

高適燕歌行 武成元年立 成都

徐瑤

鳴鸞寺藏經堂碑 李逾撰 武成三年立 成都

喬賛

太上内觀經 永平二年四月十三日立 成都

嚴光憲

重修龍興寺碑 牛希濟撰 永平二年 遂寧

唐延壽北禪院碑 僧思益撰 長興元年八月十七日建 成都

王勍

白蓮塔院記 龐延翰撰 僧崇域篆額 永平三年立 成都

楊玢 李途

唐公神道碑 張格撰 玢書 途篆額 永平四年立 成都

前作延

張嗣昭

修衡山天師觀記杜光庭撰通正元年立成都

重修龍興觀碑麗延翰撰麗東表篆額光天元年立成都

麗東表

龍興觀碑注見上

張德釗

涅槃經記僧思益記乾德三年立成都

青羊宮碑樂亀朋撰廣政七年八月八日成都

石經廣政七年立成都

齋設廳記歐陽炯撰廣政十八年立成都

徐遠

李白泗州和尚賛乾德三年立 成都

唐重修净光塔記僧延諤撰 書并篆額 長興五年立 成都

謝璟

元元皇帝歷代應見圖序碑杜光庭撰 書并篆額 乾德三年立 成都

唐序元敎碑林文師撰 書并篆額 天成三年 成都

羅藝

重修玉華宫仙碑銘楊德輝撰 乾德四年立 成都

馬淳翥

鄭韶贈神和子歌書并篆額 乾德四年立 成都

老子枕中經　正書并篆額　廣政二十七年十月十五日立　成都

崔延壽

魏王神道碑　庾傳素撰　書并篆額　乾德五年立　成都

名臣二十　後蜀

歐陽炯

武信軍創移山彎寺碑　撰并八分書　明德四年　遂寧

修淨衆寺碑　劉曦度撰　廣政四年立　成都

白守謙

朱真君寫真贊記　周德政撰　廣政十三年立　成都

太原夫人捨墳莊記　辛仲虎撰　書并篆額　廣政二十六年立　成都

張仁戩

宋王神道碑韓保昇撰　譚顗篆額廣政十四年立　成都

新繁普福禪院記文谷撰　書并篆額廣政二十三年　成都

譚顗

宋王神道碑注見上

勾中正

龍華東禪院記王中孚撰　僧靜滿篆額　廣政二十三年八月十二日記　成都

林愈

新繁洪壽禪師院記撰并書　廣政二十四年立　成都

韓文挺

浴室院記 僧劭勳撰　僧静滿篆額　廣政二十六年立　成都

名臣二十一 吴

李陶

開善寺浴院井記 正書并篆額　順義七年六月　昇

姚貞玉

新置大江浮橋記 正書并篆額　乾貞二年季春月　瑞

名臣二十二 南唐

劉津

婺源都置制新城記 撰并正書及篆額　昇元二年十月五日　歙

王紹顏

宋齊邱鳳臺山詩二十韻昇元三年立宋治平四年重模昇

潘仁煦

霍邱修羅漢記昇元四年三月十三日立壽

孟拱辰

重修東林寺記韓王知証記草書并篆額昇元六年七月一日江

太乙真人廟記韓王知証記行書并篆額昇元六年七月六日江

多寶塔記宣

呂延真

重復練塘銘述并書昇元七年刻潤

復練塘頌李華述潤

李浚

方等寺經藏記　沈彬撰　正書并篆額保大元年八月十五日記　瑞

裴仁安

丹霞寺新泉記　劉日新撰　書并篆額　保大二年　舒

陳覺

通智大師碑　崔行潛撰　覺重書　男元光篆額　保大二年三月十一日書十月一日立

袁

通智大師塔銘　希聲撰　覺重書　男元光篆額　保大二年四月九日書十月一日建

袁

光誦長老碑　宋齊邱撰　覺行書　臧循篆額　保大二年十月一日建　袁

簡寂觀新建石壇記撰并書　南康

陳元光

通智大師碑

通智大師塔銘二碑並見上注

臧循

光誦長老碑見上陳覺内注

尉遲樞

中興佛窟寺碑孫忌撰　正書　王文秉篆額　保大四年二月五日建　昇

王文秉

佛窟寺碑注見上

陽字衍

當作祈仙
後作仙可证

方山寶華寺宫碑 撰人缺 爲行書 篆額并鐫 保大四年六月五日建 昇

祈仙觀碑 殷崇义撰 朱銑正書 刻字篆額 瑞

小篆千文 宋建隆元年 刻石 瑞

紫陽宫石磬銘 張猷撰 宋建隆 二年刻石 瑞

桂文般

古城縣設水陸冥陽會記 游士若盧述 行書并篆 額 保大四年 太平

程巨譽

唐金剛經 行書 前有記 周惟簡述 大德道 顯篆額 保大五年十二月 壽

徐鍇

脫注

涇縣文宣王廟記 徐鉉記篆書丁未十月九日宣

貞素先生栖霞碑 徐鉉撰并篆額八分書保大壬子昇

茅山題名 太歲庚申昇

義興縣興觀北極殿殿 撰并八分書徐鉉篆額戊辰歲建常

張靈官記 徐鉉撰書并篆額癸酉上元立江

義門陳氏書室記 徐鉉撰書并篆額江 魏按何本補

延祚觀碑 池

峯山廟碑 池

紫極宮碑 池

題明徵君墓詩 昇

應銳

徐延祚

袁石題篆書保大五年澧

孟文益

辟支佛大廣現身記周彥崇撰行書保大六年

朱銑

張懿公碑殷崇乂撰保大六年昪

蔣莊武帝廟碑徐鉉撰昪

祈仙觀碑殷崇乂撰王文秉刻字篆額瑞

謝仲容

新建漢天師廟碑陳高撰書并篆額保大八年刻信

高融

巢湖南泰院佛殿功德碑徐吉撰　保大八年九月一日建　無為

韓熙載

清涼寺悟空禪師碑撰并八分書及篆額　保大九年七月二十五日　昇

金剛藏經殿碑撰并書　昇

彭克明

重修仰山廟記朱侚撰　正書并篆額　保大十年十二月五日記　袁

文宣王新廟記徐鍇述　正書并篆額　保大癸丑正月二十日　袁

王沂

李氏書堂記李徵古撰　保大十年五　南康

徐鉉 鍇之兄

貞素先生栖霞碑 見前徐鍇內注

双溪院高公亭記 撰并篆 保大十三年四月立 舒

南郡太守周將軍廟記 撰并篆額 保大三年六月建 舒

龍門山乾明禪院碑銘 撰并篆 舒

許真人井銘 撰并篆書 昇

元博大師王君碑 撰并隸書及篆額 昇

騎省石 鉉題名故謂之騎省石

慧悟禪師真贊 湯悅作 鉉篆書 南康

項王亭賦 李德裕撰 篆書 和

再立窔子賦碑唐賈至撰篆書單

殷觀 郜儼

筠州闤城記撰并正書儼篆額保大十一年三月五日記瑞

潘進超

方等寺潘氏重修捨經藏殿記殷觀撰正書并篆額保大十一年五月三十日記瑞

徐遜

廬山開光禪院記馮延巳撰書并額保大十二年正月五南康

胡惟楚

簡寂觀碑沈濬作書并篆額保大十二年正月重建南康

王路

改修簡寂觀齋堂記奉勅撰并書保大十三年記南康

徐憲　孫靄

簡寂觀修石路記述并題額靄書保大十三年五月立南康

彭濆　伊從道

東林寺上方禪師舍利塔記撰并八分書額從道正書保大十四年十月建江

王元句容令　王邕

題葛公碑陰文撰并書男邕題額保大十四年昇

王燮

青元觀九天使者功德殿記賈穆述　保大十五年

楊元昂

紫陽觀碑徐鉉撰　書并篆額　己未十二月一日建

任德元

重建魏夫人仙壇碑夏侯省元正書　杭篆額　庚申重建

鍾師紹

歛池頌徐鉉撰　正書　并篆額　洪

名臣二十三不著朝代

華陽真逸

瘞鶴銘或謂陶宏景　潤

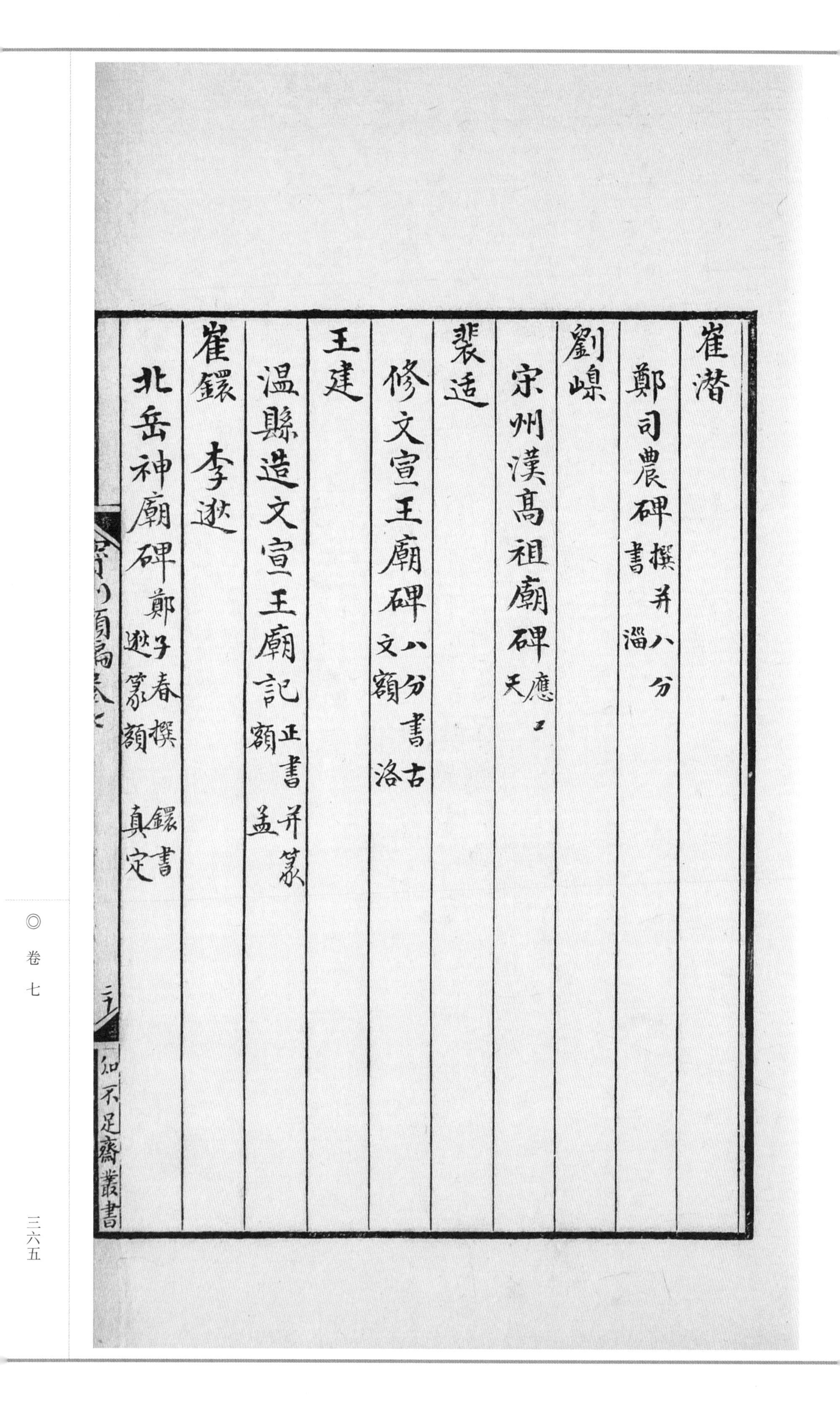

崔潛

鄭司農碑撰并八分書淄

劉嵲

宋州漢高祖廟碑應天

裴适

修文宣王廟碑八分書古文額洛

王建

温縣造文宣王廟記正書并篆額益

崔鐶　李遜

北岳神廟碑鄭子春撰鐶書遜篆額真定

邱光道

法和尚碑僧適斌撰京兆

趙縱

萬固寺記正書并篆額

劉實 周守忠

壽州新開濠湖記實撰并書守忠篆額壽

楊倫

鮑君廟記明

周堂

馬目山新廟記常

甘從福

桃源修壇記蹇宗儒撰昺

陳仁稜

彌陀經襄

范商皓

簡寂觀熊君尊師碣于德晦撰

杜禕

琴高亭頌撰并八分書宣

寶刻類編卷第七

八月初十日晨起校于知不足齋

寶刻類編卷八

宋無名氏撰

釋氏一陳

智永

真草千文汴

千文五百字青

釋氏二北齊

道常

閻亮造像記河清元年九月

釋氏三唐

智辯

秦州都督姜確碑于志寧撰　貞觀十九年十月立　京兆

智清

修寶應寺記員缺撰　咸亨元年　京兆

懷仁

三藏聖教序太宗製　集王右軍書　咸亨二年十二月立　京兆

仁基

平原寺舍利塔銘上元三年二月

正演

慈恩寺大法師基公碑李義撰　永淳元年十二月四日立　京兆

悳暕

幽貞逸人王真修墓碣　僧彥悰撰　垂拱二年　京兆

行滿

領軍衛將軍乙速孤神慶碑　苗神客撰　載初元年立　京兆

好直

龍泉寺碑　虞世南撰　天授二年立　董夔重書篆額　太和三年再建　越

元裕

金剛般若經石柱　梁思彥撰　長壽二年　京兆

智曠

益州學館頌　史壽撰　神龍元年立　成都

立蜀先主昭烈皇帝壽宮碑 景龍三年十二月十五日立 成都

北岳恒山碑 釋邀詞 開元二十一年八月 真定

翹微

句容令岑植德政碑 張景毓撰 景龍三年二月立 昇

法輿

知内侍省内侍王瓘墓誌 撰并書 開元二年 京兆

靜藏

涇陽太乙寺法海禪師塔銘 刹法師撰 開元三年 京兆

明迥

尊勝經幢 述正書 開元五年五月建 □

行敦

西崇福寺懷素律師碑崔融撰　集王羲之書開元六年二月立　京兆

守湛

龍懷寺碑王勃撰　開元六年孟冬建　彭

湛然

裴觀德政碑賈昇撰　八分書　開元八年立　襄

重潤

右庶子于府君碑姪儒卿撰　八分書　開元十年七月　齋

萊州刺史于府君碑八分書　開元十年七月　齋

貞慶

高祖駙馬佛堂碑撰并八分書開元十七年重建　華

温古

傳菩薩戒頌楊仲昌撰行書開元二十五年六月

真詮

醴泉令陳崇業紀德碑李志遠撰開元中立

法亮

慈恩寺道進律師塔碑高嶠叅撰天寶四年　京兆

智謙

一切導師無傾和尚碑僧崇業撰天寶五年六月　京兆

智詮

右驍衛將軍劉仲奬碑王卓撰　天寶十二年　京兆

智巖

開業寺主崇絢法師碑裴休撰　高力士題額　乾元二年五　京兆

惟嵩

空寂寺大福和尚碑陸海撰　寶應二年　京兆　遹

東林寺慧遠法師影堂碑李濱述　王適篆額　大中八年七月貞元中建

再五江

體虚

贈武威忠勇王李嗣業碑裴士淹撰　廣德元年　京兆

開秘

阿那寺碑韓休撰　大歷二年立　京兆

開元寺汾陽王像碑韓休撰　書并題額　河中

澄觀

攝山栖霞寺律大德碑王如玭撰　大歷四年三月建　乾符五年十一月重立　昇

義真

再修隋信行禪師塔碑陰批荅　大歷六年　京兆

道鏡

立晋謝公碣裴倩撰　大歷七年十月十一日建　湖

懷素

草書自敘 撰并書 大歷十二年十月 汴

道秀

觀無量壽經 建中三年十月 河中

佛頂尊勝陀羅尼經石柱 貞元六年 京兆

潛璞

李晟爲國修寺碑 長孫補撰 李价題額 貞元二年五 鳳翔

常靜

栖隱寺朗然律師碑 書并篆額 建中三年 柳識撰 貞元五年十一月七日 樹

碑 潤

履文

翰林李居碣記劉全日撰貞元六年四月七日太平

法昭

無量壽經行書在遺教經陰貞元八年八月立京兆

千手眼大悲陁羅尼經貞元九年立京兆

元真

臨汝太守贈秘書監郇國公韋斌碑王繼撰貞元九年京兆

乾覺

靈隱寺東峯新亭記馮宿撰貞元十七年十一月七日建

靈澈

詩五首撰并書元和四年刻池

靈皐

東林寺臨壇大德塔頌 劉軻撰 元和八年年十月建 大中八年七月重立 江

興果寺律大德湊公塔碣 白居易撰 長慶二年閏十月一日建 大中八年七月十五日重建 江

題東林寺影堂碑陰 李渤撰 長慶三年三月七日立 江

廬山峯頂寺臨壇大德法真碑 李宏慶撰 長慶三年四月立 江

東林寺律大德熙怡石墳哀誌銘 侯高撰 長慶四年五月十三日立 江

棲霞寺大德玭律師碑 劉軻撰 齊餘篆額 太和四年七月十一日立 大中八年七月二十三日再立 江

正宏大師碣 鄭澥撰 段全緯篆額 太和六年六月五日立 撫

東林寺白氏文集記 白居易記 太和九年八月 江

智藏

建國寺華嚴經品石柱 元和十年 京兆

智嚴

佛頂尊勝陀羅尼經 元和十三年 京兆

擇源

大聖寺修功德碑 沙門大辯述 元和十五年正月十五日立 成都

元覽

僧宣悟修破壞功德院記 蕭祜撰 八分書 元和涒灘歲二月黑句記 彭

張彪

興寧寺律如瑫大師塔銘撰并書寶歷元年常

景麟

內侍省內給事崔談晋碑李懷撰正書并篆額寶歷元年

靈遵

幽栖寺冲素和尚塔記行書寶歷二年正月起塔昇

鴻本　良建

大明寺賢聖㝠道齋記本書建篆額太和元年十月湖

明鑒

鑒石功德記撰并書太和元年立成都

敬忠

石城記羅泰撰行書太和二年三月太平

巨鄴

杯渡禪師影堂碑朱存撰篆書太和三年立宣

修證

佛頂尊勝陁羅尼呪石柱僧曙撰序太和四年京兆

有鄰

天平軍節度廳壁記劉禹錫撰八分書太和五年四月立鄆

潭鏡

寧育禪師塔銘沈紛撰并行書八分書額太和五年九月越

宗易

大龍寺惠崇大師碑 釋好直撰　行書　太和五年十月十五日建　越

道真

水閣院律大德齋朗和尚碑 鄭素卿撰　行書　太和六年三月六日建　大中八年再立　江

元幽

楊岐山甄叔大師碑 沙門至閑撰　行書　王周古篆額　太和六年四月三十日建　袁

義詳

天王院功德碑銘 任道伸撰　太和八年立　成都

建初

三藏法師元奘塔碑陰劉軻撰　行書　開成四年　京兆

幡竿記撰并書　開成五年　京兆

清濬

趙浩書金剛經篆額　開成五年正月立　昪

元孚

福田寺經藏院記崔從龜撰　會昌二年立　宣

惟則

化度寺三階院尊勝陀羅尼經石柱撰序并書　會昌六年　京兆

潛鱗

華嚴寺文琬法師塔銘 許景讓撰會昌三年、京兆

修永 二小字

心經隸書 大中三年立 成都

志遇

慈恩寺善導和尚塔碑 撰并書大中五年 京兆

鏡霜

章敬寺法照和尚塔銘 述并書大中十二年 京兆

緣化

天王部落碑 述并正書及八分書額 咸通二年九月十五日立 太平

簡章

重疊置興國寺冥陽齋社記 述并書及篆額 咸通四年八月十九日立 湖

紹明

明佛法根本碑 僧智慧輪撰 正書并篆額 咸通十年立 京兆

法證

開元寺修塔記 撰并正書 廣明二年 京兆

道盈

尊勝經幢記 韓昭度撰 中和二年立 成都

詞應

十齋會記 撰并書 中和三年立 成都

了因

斷酒肉結社記 僧光業撰 劉𡙇訓篆額 中和五年立 成都

德周

再建立淨泉寺碑銘共五所記 僧了之撰 景福二年七月立 成都

慧證和尚碣文 馮涓撰 天復六年立 成都

法麟

松溪院正説和尚道業記 盧𢹂撰 行書 光化元年立 成都

彥修

寄邊衣寺詩 裴説撰 草書 光化四年立 京兆

紹珪

再興禪林寺記 李仁表撰 天復四年四月五日立 遂寧

齋已

長生粥疏 洪

行昉

智者大師畫像賛 顔真卿撰八分書 台

釋氏四 後唐

宏毅

義俛和尚再起寺記 僧懷善撰天成三年 成都

少證

金乘王廟封贈碑銘 撰并書 僧敏光篆額天成四年五 成都

法滿大師修營功德記 撰并書天成四年五 成都

敏光

金乘王封贈碑注見上

釋氏五後晉

紹清

樂安院記僧慧月撰天福八年十一月十八日立癸

釋氏六後漢

夢瑛

十八體書瑛書真字袁允中書京兆

說文字源瑛篆書目録偏傍字源兼自敘碑郭忠恕荅書京兆

釋氏七後周

文䧃

尊勝經幢并記（顯德三年立 福）

釋氏八（前蜀）

曇域

白蓮塔記（扈延翰撰 篆額 永平三年立 成都）

傳光

法華經碑銘（僧恩益撰 乾德三年立 成都）

思遠

般若心經（六體篆書 乾德五年立 成都）

釋氏九（後蜀）

惠堅

龍興寺東禪院碑刁志腈妻史氏撰堅重書廣政二年資

德嚴

普賢冠蓋瓔珞等記僧克言撰廣政四年五成都

大悲院說戒堂記僧克言撰僧智光書篆額廣政四年五成都

智光

說戒堂記注見上

劭勳

彌勒大佛殿記石瑀撰廣政九年五成都

行勤

改麴法靈誓記 袁逢吉撰 勤奉命行書 廣政十三年二月一日

義西

律教慈護戒壇記 僧克言撰 書并篆額 廣政□十三年 成都

千部法華寺經院記 僧克言撰 書并篆額 廣政二十二年 成都

得珪

重起寶歷寺碑 馮涓撰 書并篆額 廣政十四年立 成都

正贊

都官土地堂記 僧昭秀撰 廣政二十二年立 成都

光永

留住西方和尚碑 王中孚撰 書并篆額 廣政二十二年立 成都

智能

加句靈驗經尊勝經後序 僧得境撰 廣政二十三年立 成都

靜滿

龍華寺東禪院記 王中孚撰 勾中正書篆額 廣政二十三年四月十三日記 成都

浴堂院記 僧勍勳撰 韓文挺書篆額 廣政二十六年立 成都

釋氏十 吳

可珪

唐疎山院記 沙門証正撰 正書并篆額 天祐十四年十二月十九日立即梁貞明三年也 撫

吳有太和年号

元物空一行

吳踈山和尚碑沙門西敫撰　正書并篆額　順義二年四月十七日立　撫

省安

吳新冊昭靈王碑薛堯範撰　書并篆額　太和三年建　贛

南唐重建明教院記黄德麟撰　行書并篆額　昇元四年十月建　廬

慕幽

吳重立壽春太守盧公德政碑行書并篆額　太和七年重立　壽

吳重立壽州司馬傅公碑正書并篆額　天祚二年六月二十七日重立　壽

南唐釋迦佛并部從功德記撰并行書及篆額　保大四年十一月立　壽

崇義

吳新興寺崇福院五百羅漢碑 太和十年建宣

釋氏十一 南唐

處安

牛首山祖堂幽棲禪院佛殿記 沙門無業撰正書并篆額昇元二年二月記昇

智惲

匡道禪師碑 撰并書及篆額保大元年十一月建蘄

慕莊

彌勒菩薩上生殿記 楊瑯撰保大三年二月二十日建江

道顒

唐金剛經記 周惟簡述 行書并篆額 保大五年十二月 壽

契恩

祈澤寺碑 撰并書及篆額 保大八年六月二十八日建 昇

釋氏十二 闕

臣政

漳州故羅漢禪師碑 張廣撰 通久元年立 福

道士一 梁

孫文韜

許長史舊館壇碑 陶弘景撰 天監十七年立 昇

茅君碑 普通三年五月十五日立 昇

道士二　唐

馬知止

老子廟題名　龍朔元年亳

王懸河

追尊老子號元元皇帝詔　乾封元年二月二十八日行書宏道元年十二月刊成都

太平公主出家勅　咸亨三年成都

置天下諸州觀詔　宏道元年立成都

道藏經序碑二　其一高宗製其一武后製宏道元年十二月二十三日刻成都

王大義

志當作士

至真觀主黎尊師碑盧子昇撰行書儀鳳二年正月十五日樹成都

周道賜

仙壇山銘聖歷三年立昇

盧曉

杭州刺史裴㑳碑族子餘撰孫令欽行書八分書題額開元三年九月

元都觀碑陰記道志裴朏撰八分書天寶十年京兆

右僕射裴遵慶碑楊綰撰八分書大歷十一年二月立洛

兗州都督劉好順碑梁秉撰元訥正書八分書題額大歷十二年四月徐

復南館記裴度撰八分書元和十四年立洛

太原尹唐公碑八分書洛

宫

任良友

元宗賜李鍊師詩誥貞元十四年刻　昇

任叅元

修下泊宫記王師簡撰　元和九年立　昇

甘遺榮

李公元始天尊頌郤璀撰　開元十三年二月十五日立　成都

青城丈人觀祠廟記徐大亨撰　八分書　開元二十年正月十日立

金堂縣昌利觀楊尊師功德碑沈東美撰　八分書　開元二十五年二月旬有八日建　懷安

盧元卿

復南館記裴度撰　八分書　元和十四年立　洛

張宏明

司馬子微溪記崔運撰　太保　三年刻　孟

司馬子微坐忘論白雲先生撰　太和三年刻　孟

白樂天游王屋山詩白居易撰　太和六年十月題　孟

周漢濱

興道觀新建齋堂記撰并正書　蕤葉篆額　乾符四年七月七日建　常

寇元京　韋抱元

南岳修金籙齋壇碑道士盛翻撰　元京正書　抱元篆額　中和四年六月五日立　潭

有脫字

垂瓊秀　葉狐雲

天台導元院記張缺頡撰　瓊秀書　狐雲八分書額　文德元年十一月五　台

道士三前蜀

杜光庭

仙都觀石函取經記撰并正書　天復七年四月　忠

何希寂

文宣王廟碑奉命書　歲在赤奮若月在陽三日記　遂寧

道士四吳

呂子元

徐公重建靈公室院記道士呂栖霞撰　正書并篆額　太和三年九月九日記

昇

道士五南唐

宋懷德

勅文寶院禁山帖碑昇元七年二月臨江

李希曜

方山洞元觀勅還舊鐘記道士劉日新撰正書并篆額保大元年十月七日立昇

鍾德載

太乙觀董真人殿碑道士倪少通撰正書并篆額保大十一年十一月江

婦人一　唐

高氏　太原府叅軍房嶙妻

太原縣令安庭堅美政頌　蘇鉷八分書題額　開元二十九年三月立　太原

石壁寺鐵彌勒像碑　林諤撰　開元二十九年六月立　太原

姓名殘缺一　晉

葛仙公

天台觀題　飛白

姓名殘缺二　隋

書學博士

楊雄碑　大業九年立　華

姓名殘缺三 唐

缺鳳卿國子書學博士

靈山寺碑薛收撰　貞觀二年五　華

缺[illegible]

梁南岳九真觀碑梁蕭繹撰　貞觀七年七月立　潭

恒嶺處士

恒岳嶺路銘張克雋撰　調露二年二月立

司馬子缺道士

體元先生潘尊師碑王適撰　隸書　聖歷二年三月立　洛

缺敬元洪潤縣丞

周永和故寺碑大德神英撰聖歷二年七月十五日建京兆

缺度

玉京宫天尊碑李秦授撰長安二年立絳

缺庭誨前洛川縣丞直翰林翰

韋維善政論楊齊哲撰先天元年立坊

天台峯白雲

台州司馬韓公素真贊撰并八分書先天元年刻台

裴缺前侍御史

文宣王廟碑八分書并篆額貞元四年正月旬有一日建明

裴全缺

杭州刺史裴㥄碑族子列餘撰　孫全缺一行書盧曉八分題額　開元三年九月

吳嗣缺

立漢列仙四皓碑銘開元十缺商

缺霞

王盆山雍思杲碑撰并書　開元十九年立綿

河内道隱天日峯白雲道士

貞白先生碑陰述并篆書　開元二十三年四月立昇

蘇缺太原府司錄參軍

太原縣令安庭堅美政頌高氏書　八分書題額開元二十九年三月立

太原

疑朔

真缺沙門

醴泉令陳崇業紀德碑李至遠撰開元中立京兆

尹缺節度使參謀

朔方節度張懷欽碑撰并書天寶六年立京兆

勤缺沙門

少林寺靈運禪師塔銘崔珙撰天寶九年建洛

集賢殿學士缺

薛楚玉碑韓濟撰大歷六年立絳

康缺前開封縣尉

高士揖敬碑從子寬撰大歷十三年立河中

從姪缺

門下侍郎王縉碑李紓撰建中三年京兆

李缺駕部員外郎

高平郡王李晟先廟碑張彧撰韓秀弼八分書篆額貞元八年立京兆

參軍缺

重立開元花臺二寺碑張九宗記元和五年八月二十一日記敘

李缺

桃源詩劉缺鎬撰太和四年暘

嗣子缺

散騎常侍黎公碑太和中立洛

李本接

襲真子

潛山真君廟左真人仙堂記張虛白撰開成五年五月舒

太守霄

中灘院言公修石岸記沙門清真撰會昌二年三月立鄂

族人文察

重換司廟殿記會昌六年八月立昇

冲寂野叟東溪島太原元谷

東林寺觀音方丈記僧元楚撰大中六年二月二十五日江

缺知柔

震山記盧肇撰咸通七年十一月二十三日袁

雲遊子

仙都山黄祠堂碑袁隱撰正書并篆額咸通八年立處

劉缺訓

斷酒肉結社記僧光素撰僧了因書篆額中和五年立成都

張缺賢道士

烏程縣修建廨署記楊夔撰并正書篆額乾寧三年正月七日建湖

魏缺

武當山神武威公新廟記翁洮撰書并篆額乾寧三年六月立均

從孫缺

王景祚墓碣孫頠撰大歷十三年立河中

裴缺

滑臺新驛記 八分書 滑

徐缺

贈司徒王守安碑 龐延懿撰光化三年京兆

張公缺 前進士

浮槎寺記題名 盧

鄧缺儼

萬泉令裴千鈞德政碑 河中

缺驤

移建城隍廟記 撰并篆額藍建正書袁

姓名殘缺四後唐

青卭先生

石笋記杜光庭撰同光四年立成都

棠棊吏部常選

鉗耳村祖社碑敬豐撰清泰二年立

姓名殘缺五後周

亞山高

外湯院置田記顯德六年十一月立福

姓名殘缺六後蜀

夏侯省元

重建魏夫人仙壇碑　正書　任德元篆額　庚申重立　杭

乾隆四十八年癸卯六月介書客陶友借杭郡嵇氏抄本繕寫七月十六日完知不足齋記

八月初十日辰刻校　子知不足齋

寶刻類編卷第八終

計二百零四頁